박덕은 박사의 성공학 시리즈

성공
DNA
-1-

성공 DNA -1

1판 1쇄 : 인쇄 2012년 8월 1일
1판 1쇄 : 발행 2012년 8월 3일

지은이 : 박덕은
디자인 : 이원경
펴낸이 : 서동영
펴낸곳 : 서영출판사

출판등록 : 2010년 11월 26일(제25100-2010-000011호)
주소 : 인천광역시 계양구 효성동 200-1 현대 404-103
전화 : 02-338-7270 팩스 : 02-338-7161
이메일 : sdy5608@hanmail.net

ⓒ박덕은 seo young printed in incheon korea
ISBN 978-89-97180-12-7 13320
ISBN 978-89-97180-11-0 (set)

일원화 공급처_(주)북새통
주소 : 서울 마포구 서교동 465-4 광림빌딩 2층
전화 : 02-338-0117(대표), 팩스 : 02-338-7160
이메일 : info@booksetong.com

성공
DNA
—1—

2012·서영

차례

1권

2권

머리말

22012년 봄, 세상이 온통 꽃빛과 꽃향으로 술렁이는 동안, 필자는 방안에서 들썩이는 가슴을 애써 진정시키며 성공한 사람들의 발자취를 겸허한 눈길로 차분히 더듬어 갔다. 그들 인생 속에 담겨 있는 성공 DNA를 찾고 싶어서였다.

어느 날 그 눈길이 나폴레온 힐에게 한참을 머물러 있었다. 그에게는 우리가 눈여겨볼 만한 뭔가가 있었다.

나폴레온 힐은 조지타운 법대에 합격했다. 그러나 학비가 없어 그는 아르바이트를 하지 않을 수 없었다. 〈밥 테일러스 매거진〉에 신문 기자로 취직한 그는 유명 인사들의 성공 스토리를 싣기 위한 인터뷰를 하러 길을 떠났다.

그는 앨라배마 주 남부의 모빌을 비롯한 항구 도시 등을 돌아다니며 성공 사례들을 수집했다.

그러던 어느 날 그는 자신의 운명을 바꾸어 놓을 순간과 직면하게 되었다. 1908년 가을 그의 나이 26세 때였다. 뜻밖에 그의 기자 생활 첫 인터뷰를 수락해 준 이는 당시 피츠버그에 살고 있던 세계 최고의 갑부 강철왕 앤드류 카네기(1835~1919년)였다. 나폴레온 힐의 인생 중에서 가장 멋진 행운이 다가온 것이다.

방이 45개나 되는 호화저택에서 74세의 거인 카네기와의 인터뷰는 정말 설레는 일이 아닐 수 없었다. 무려 세 시간 가량 인터뷰를 한 뒤 카네기는 이렇게 말했다.

"이 인터뷰는 이제 시작에 불과하네. 어떤가, 함께 가서 식사라도 하지 않겠나? 밥을 먹고 나서 이야기를 계속하도록 하세."

카네기는 힐의 예리한 지성에 깊은 인상을 받았던 것이다. 이렇게 해서 시작된 카네기와의 인터뷰는 사흘 밤낮이나 지속되었다. 차츰 인터뷰는 카네기의 철학 강론으로 변모해 갔다.

"소크라테스나 플라톤 시대부터 최근의 윌리암 제임스나 에머슨까지, 수많은 철학자들이 수많은 철학을 낳아 왔지만, 그 대부분이 모럴에 관한 철학에 지나지 않았지. 그것은 그 나름대로 필요하지만 현대에는 이것과는 다른 새로운 철학, 거부를 쌓는 철학도 필요하지 않겠나."

카네기는 확신에 찬 목소리로 말했다.

"지금 우리가 필요로 하고 있는 건 막대한 부를 쌓는 철학이야. 누구라도, 가령 거리의 부랑자일지라도 나와 같은 사람이 인생을 통해 배우고 정립해 온 성공 노하우를 활용할 수 있을 것이네."

인터뷰 사흘째가 되는 날 저녁, 카네기는 나폴레온 힐에게 이런 제안을 했다.

"나는 자네에게 사흘에 걸쳐 '새로운 철학'의 필요성에 대해 이야기했네. 그럼 이제 자네에게 질문을 하겠네. 만일 내가 이 새로운 철학을 하나의 프로그램으로 만드는 작업을 자네에게 의뢰한다면 자네는 그것을 어떻게 하겠나? 물론 협력자들이나, 자네가 인터뷰를 해야 할 사람들에게는 내가 소개장을 써 주지. 우선 한 500명 정도가 될 걸세. 이 성공 프로그램을 편집하는 데는 20년 정도의 조사 기간이 필요할 것이네. 그런 일을 자네가 해볼 생각이 있는가? 있다, 없다, 한 가지로만 대답하게."

집으로 돌아갈 여비가 충분한지 주머니 속에 손을 넣어 잔돈을 세고 있던 나폴레온 힐에게는 뜻밖의 제안이었다. 그 순간 나폴레온 힐은 혹시 카네기가 자신에게 숨겨진 재능이라도 본 게 아닌가 하는 생각이 들었다. 그와 동시에 자신의 내부로부터 '망설이지 말라'는 메시지도 들었다.

나폴레온 힐은 자신도 모르게 이렇게 말해 버리고 말았다.

"카네기 씨, 꼭 저에게 그 일을 시켜 주십시오. 반드시 해내겠습니다."

그 순간, 카네기는 자기 주머니에서 스톱워치를 꺼내며 말했다.

"딱 29초 걸렸네. 자네가 대답을 하기까지 29초가 걸렸단 말일세. 만일 1분을 초과했더라면 나는 자네를 그저 앞길이 별로 안 보이는 평범한 사람으로 판단하고 나의 제안을 철회했을 걸세. 이런 결단을 1분 안에 내리지 못하는 사람이라면, 그 어떤 것을 시켜도 시원치가 않지. 예전에 260명의 사람에게 이를 제안해 봤지만, 아무도 1분 안에 대답하지 못했었다네."

"즉시 결정할 줄 모르는 사람은 그것을 실행할 수 있는 모든 여건이 갖춰져 있다 해도 결국 성공하지 못한다는 걸 나는 경험으로 잘 알고 있네. 내가 자네에게 성공 철학을 완성할 기회를 준다면 자네는 아무런 보수도 받지 않고 지금껏 살아온 대로 자네의 힘으로 생활하면서 성공과 실패의 원인을 연구하기 위해 20년의 세월을 기꺼이 바칠 수 있겠는가? 여행 경비 외의 금전적인 원조는 한푼도 없네. 그래도 괜찮겠나?"

이 질문은 매우 충격적이었다. 왜냐하면 카네기가 마땅히 일에 대한 보상을 해주리라 여겼기 때문이다. 마음속에서 잠시 갈등이 일었다. 하지만, 뭔가에 이끌려 취한 듯, 나폴레온 힐은 그만 '네, 하겠습니다'라고 대답했다.

"돈을 주는 게 싫어서가 아니네. 순전히 봉사의 의미로 보상을 생각하지 않고 기꺼이 이 일을 맡아줄 수 있는지를 알고 싶을 뿐이네."

그리고는 나폴레온 힐에게 507명의 이름이 적혀 있는 명단을 내주면서 말했다.

"힐 군, 자네는 여기에 적혀 있는 사람들을 한 명씩 만나서 인터뷰를 하게. 그리고 그들의 성공 원리를 연구하게. 나도 자네를 돕겠지만, 워낙 내가 나이가 들어서. 젊은 자네의 힘으로 완성시켜 주게. 맨 먼저 디트로이트로 가서 헨리 포드를 만나, 그의 얘기를 듣게나. 어쨌든 포드는 모든 자동차 산업을 지배하게 될 걸세. 그리고 자동차는 철강 다음으로 큰 산업이 될 걸세."

힐은 당장 디트로이트로 달려가 온통 기름투성이의 작업복에 구겨진 모자를 쓰고 있는 헨리 포드를 만나 인터뷰를 했다. 첫 번째 인터뷰는 30분 가량 이어졌다.

그런데 포드는 거의 이야기하지 않고 묻는 말에 대하여 '예, 아니오'로만 대답했다. 돌아오면서 그는 속으로 이렇게 생각했다.

"포드가 장래 어떤 분야에서 리더가 될 수 있으리라곤 생각이 들지 않아. 카네기 같은 위대한 인물도 예상이 빗나갈 때가 있군!"

힐은 곧바로 카네기를 찾아가 이렇게 항의했다.

"507명을 인터뷰하여 '성공 법칙을 체계화하라'는 말은 이해가 됩니다. 그러나 헨리 포드같이 말도 하지 않고 인터뷰에도 제대로 응하지 않는 사람이 어떻게 성공한다고 장담하십니까? 제가 보기에 그는 성공의 이미지가 전혀 없습니다. 아무래도 헨리 포드가 자동차 업계를 지배할 거라는 말은 믿어지지 않습니다."

그러자, 카네기가 말했다.

"그는 반드시 성공할 거야. 그에게는 선견지명과 강한 의지, 남다른 실행 능력이 있어. 그가 말하는 자동차 대량 생산은 이제 철강 산업 다음으로 큰 산업이 될 거야. 그리고 자동차가 대량으로 만들어진다면, 대성공할 것은 뻔한 거 아닌가?"

그가 다시 물었다.

"좋습니다. 헨리 포드에 대해서는 이해가 됐습니다. 왜 507명을 20년간이나 인터뷰해야 됩니까? 제가 보기엔 5년이면 충분할 것 같은데요. 그 정도면 충분히 성공 법칙을 정리할 수 있습니다. 또 왜 보수가 없다는 것입니까?"

이에 대해 카네기는 이렇게 답변했다.

"좋아, 질문에 대답을 해주지. 첫째, 20년간이나 필요한 이유는, 내가 추천한 사람들은 지금은 아직 성공하지 못한 사람들이지만, 내가 볼 때 그들은 20년 안에 반드시 성공할 거야. 그러니까 자네는 20년 동안 그들이 어떻게 성공하고 실패하는지 증인으로서 봐 달라는 거야."

힐은 되물었다.

"알았습니다. 그러나 얘기를 듣고 보니 저를 이용하고 있다는 생각이 듭니다. 당신의 말대로라면 그들은 20년 안에 큰 부자가 되겠네요. 그러나 왜 큰 부자들을 보수 없이 쫓아다녀야 한다는 말입니까? 저는 변호사가 될 꿈을 꾸고 있습니다. 이제부터 그 꿈을 위해 전념하고 싶습니다. 저의 중요한 인생을 남의 성공이나 인터뷰하면서 보낼 수는 없습니다."

이때 카네기가 소리쳤다.

"이봐 힐 군! 자네는 이 일을 하는 동안에 가장 성공할 사람이 누구라고 생각하나? 이 일로 가장 크게 성공할 사람은 바로 자네야."

그리고 이렇게 덧붙였다.

"이 일로 자네가 가장 크게 성공하게 된단 말일세. 나는 507명의 사람들에 대한 명단을 자네에게 주었네. 자네는 실제로 수많은 성공자들을 관찰할 수 있는 기회를 가진 것이네. 자네는 그들을 관찰하는 동안에 성공의 법칙들을 전부 깨닫게 될 것이네. 그러니 자네가 가장 크게 성공할 게 아닌가? 그리고 보수를 주지 않는 건, 참다운 성공을 거두려면 눈앞의 이익에 사로잡히지 않아야 하기 때문일세. 나는 자네에게 이 일을 맡기면서, 실로 막대한 재산을 준 것과 같네. 아무것도 없는 무에서 언제나 막대한 재산을 만들어낼 수 있는 성공의 황금률이라는 재산 말일세.

그렇다면 자네가 앞으로의 인생에서 성공을 거두지 못할 이유는 아무것도 없는 셈이지."

더이상 할 말을 잃은 나폴레온 힐은 다시 한번 카네기 씨에게 성공 법칙을 찾겠다고 약속한 뒤, 워싱턴의 집으로 돌아왔다. 그리고 동생에게 자신의 나아갈 방향에 대해 털어놨다.

그의 말을 끝까지 듣고 난 동생이 일어나 형의 어깨를 끌어안으며 말했다.

"형, 나는 형과 맨발로 뛰어놀던 무렵부터 늘 형과 함께 있었지. 그때부터 형이 어딘가 이상한 게 아닌가 의심을 했었는데, 지금 형의 말을 듣고 보니, 이젠 더이상 의심할 필요가 없이 확실해졌어. 이젠 정말로 형이 미쳤다는 걸 알았으니까 말이야."

동생의 말은 전혀 도움이 되지 않았다. 주위 사람들에게 조언을 구해도 어느 누구도 그의 말을 귀담아들으려 하지 않았다. 얘기를 들어준 사람들도 모두들 그가 뜬구름 잡는 일에 젊음을 낭비한다고 걱정하며 만류했다.

그러나 오직 한 분만 달랐다. 그의 새어머니였다. 새어머니는 얘기를 듣고, 그가 내린 결정에 대해 고개를 끄덕여 주면서 진지한 얼굴로 격려해 주었다.

"너라면 반드시 해낼 수 있을 거야. 한번 힘껏 해보렴."

선경지명의 대가인 카네기의 안목대로 나폴레온 힐은 카네기와의 약속을 끝까지 지켜냈다. 카네기의 유지를 받들어 1908년부터 1928년까지 20년에 걸쳐서, 카네기가 건네준 명단의 507명을 직접 인터뷰하고 조사를 하면서 성공 법칙과 원리를 차근차근 정리해 나갔다.

카네기가 소개해 준 인물들은 잇달아 성공을 거두었다. 그는 이들의 성공 곁에서 그 멋진 모습을 지켜보면서 차츰 성공 법칙을 완성해 나갔다.

카네기와 약속했던 대로 20년이 지난 1928년 46세 때 나폴레온 힐은 드디어 열여섯 개 파트로 이루어진 성공 법칙 프로그램을 완성했다.

그는 수년 동안 헨리 포드, 토머스 에디슨, 마셜 필드, 윌리엄 듀런트, 월터 크라이슬러, 알렉산더 그레이엄 벨, 존 D, 록펠러 Jr, 라이트 형제 등 성공자들의 일거수일투족을 관찰했고, 그들의 생각, 그들의 말, 그들의 행동 방식을 기록했다. 그리하여, 성공학 역사의 위대한 걸작 〈성공의 법칙(The Law of Success)〉(1928년)을 탄생시켰다.

몇 해가 지나 일반인들을 위한 다이제스트 판으로 정리한 〈생각하라, 그러면 부자가 되리라(Think and Grow Rich)〉(1937년)라는 성공학의 명품을 내놓았다.

또한 에이온 코퍼레이션의 창업자이며 자수성가한 억만장자 클레멘트 스톤과 공저로 〈행동하라, 부자가 되리라〉를 펴냈다.

그의 저서들은 전 세계로 5,000만 권 이상 팔려 나갔으며, 그의 성공 법칙은 각계각층에서 수많은 성공자들을 배출해 내는 데 혁혁한 기여를 했다.

백화점 사업의 선구자 존 워너메이커, 루즈벨트 대통령, 코닥의 창립자 이스트먼, CNN을 설립한 테드 터너, 노먼 필 박사, 리 아이아코카 등이 그들이다. 그들은 나폴레온 힐의 성공 법칙을 바탕으로 엄청난 성공을 이룩했다.

이외에도 나폴레온 힐의 성공 법칙은 전 세계 수많은 사람들을 성공의 길로 인도했으며, 오늘날에도 여전히 수많은 사람들을 새로운 삶, 성공적인 삶으로 안내하고 있다.

나폴레온 힐은 1960년 성공을 위한 실천 프로그램 PMA(Positive Mental Attitude)를 완성하여 보급하였으며, 다시 오랜 연구 기간을 보태 1962년에 나폴레온 힐과 그의 아내 애니 루 힐은 '나폴레온 힐 재단'을 설립했다.

1970년 11월 8일 그가 88세의 나이로 생을 마친 이후에도 '나폴레온 힐 재단'에서는 그의 연구 결과와 저술을 중심으로 보다 많은 사람들에게 성공 법칙과 실천 프로그램들을 보급하고 있다. 지금도 교육자, 소수자단체, 수감자, 사업가, 개인들에게 전파하는 일을 계속하고 있다.

한번은 이런 일이 있었다.

나폴레온 힐의 생일날, 그의 성공학 세미나를 들었던 제자들이 멋지고 두툼한 사전을 그에게 선물했다. 단상에서 사전을 받은 나폴레온 힐은 펜을 꺼내고는 이런 말을 했다.

"여러분, 이 멋진 선물을 받게 되어서 참으로 기쁘게 생각합니다. 하지만 나는 이 사전을 받을 수가 없습니다. 왜냐하면 이 사전 속에는 내가 가장 싫어하는 말이 실려 있기 때문입니다."

나폴레온 힐은 '불가능'이라는 단어를 찾아내서 펜으로 그 부분을 지워 버린 뒤 이렇게 말했다.

"자, 이제 이 사전을 받을 수 있게 됐습니다. 나는 '불가능'이라는 말이 실려 있는 책을 받을 수가 없습니다. 왜냐하면 나는 이제까지 불가능이라 일컬어졌던 것들이 실은 불가능하지 않았던 예들을 수없이 봐왔기 때문입니다. 나는 이 세상에 불가능이 존재하지 않는다고 확신하고 있습니다. 그러므로 내 사전에도 '불가능'이란 말은 필요치 않습니다."

나폴레온 힐도 자신의 성공 법칙을 밑거름으로 하여 대성공자의 한 사람이 되었다고, 자신의 회고록에 기록했다.

"나처럼 가난한 시골 출신이 전혀 생각지도 못했던 일, '사고(思考)'라는 대자연으로부터 특별하게 얻은 뇌력(腦力)을 인식하여, 그것을 활용하기만 하면 가능성이 무한하다는 사실을 사람들에게 가르치는 일을 하다니…. 나야말로 열악한 환경 속에서도 최고의 성공을 얻을 수 있었던 사람인지도 모른다."

왜 필자는 성공 DNA의 머리말에 나폴레온 힐에 대한 얘기를 적어 넣으려 했을까? 이미 여러분이 눈치챘으리라 본다. 성공은 성공하는 사람들을 연구하는 과정에서 터득되고 이뤄진다는 사실을 필자는 집필하면서 비로소 알게 되었다.

집필 전과 집필 후의 필자의 인생관에도 요즘 많은 차이를 보이고 있다. 집필 전에는 인생을 내 나름의 방식으로 살려고 했다. 거기에 낭만과 자유를 살포시 덧입혀 살면 그게 최고의 삶이라고 여기며 살았다. 하지만, 이 책을 집필한 뒤부터 상당히 달라졌다. 필자의 책상 앞에는 이런 글귀가 붙어 있다.

"하루하루를 인생의 마지막 날처럼 살자."

매일 매시간 이 구절을 보면서 마음을 다잡아가고 있다. 시간들을 아껴 사용하며 살아가고 있다. 그러다 보면, 나폴레온 힐처럼 매력적인 삶을 살고 있지 않겠는가.

이 책을 읽은 여러분도 머잖아 성공한 삶을 살고 있다는 꿈같은 현실과 그 행복 앞에 함박꽃 같은 웃음을 활짝 펼칠 수 있게 되리라 믿는다.

- 단비가 내린 뒤 찬란하도록 눈부신 날 아침에

박덕은

(문학박사, 시인, 소설가, 동화작가, 문학평론가, 사진작가)

영감 주는 천재 사업가
스티브 잡스

자기 내면의 진정한 목소리에 귀를 기울여라

영감 주는
천재 사업가
스티브 잡스

미국의 기업인이자 애플의 창립자요 명상과 사색을 즐기던 CEO 스티븐 폴 스티브 잡스(Steven Paul Steve Jobs), 그는 1955년 2월 24일에 미국 캘리포니아 주 샌프란시스코에서 태어났다.

그의 친어머니 조앤 시블은 매우 엄격한 가톨릭 신자인 아버지 밑에서 자랐다. 시블은 위스콘신 대학(University of Wisconsin, Madison) 대학원 스피치 석사 학위 과정에 다니던 중 같은 대학 정치학 박사 학위 과정 중인 시리아 출신의 무슬림 이민자인 압둘파타 존 잔달리를 만나 사랑에 빠지게 되었다(훗날 조앤 시블은 치료사가 되었고, 잔달리는 정치학 교수가 되었다).

시리아의 재력 있는 집안에서 태어난 압둘파타 존 잔달리는 예수회 기숙학교와 아메리칸 대학을 거쳐 미국의 위스콘신 대학 정치학과의 조교로 지내던 중 시블을 만났다.

시블은 잔달리와 함께 1954년 여름 시리아를 방문하였을 때 잡스를 임신했다. 그런데 시블의 아버지가 잔달리와 결혼하면 부녀의 연을 끊겠다고 위협했다. 이에 좌절한 시블은 자기 아버지와 애인 잔달리에게 알리지 않고 좀더 개방적인 샌프란시스코로 혼자 여행을 가서 1955년에 아들을 낳았다.

조앤 시블은 그 당시에 위독한 상태였던 아버지가 죽은 뒤 결혼을 하면 아이를 되찾을 수 있을 것이라 생각하고 입양을 하기로 마음먹었다. (하지만 입양 절차가 비밀리에 진행되었기 때문에 그녀는 그로부터 20년이 지난 후에야 아들을 만날 수 있었다.)

훗날 스탠퍼드 대학 졸업 축사에서 잡스는 자신의 출생에 대해 이렇게 밝혔다.

"생모는 미혼의 대학원생이었기 때문에 나를 입양 보내기로 결정했다. 생모는 내가 꼭 대졸 학력 부모에게 입양돼야 한다고 요구했다. 그래서 태어나기 전까지 나는 변호사 부부에게 입양되기로 정해져 있었다. 그러나 내가 막 태어나기 직전, 변호사 부부는 마음을 바꾸어 여자아이를 원한다고 말했다."

그렇게 해서 아이의 양부모가 바뀌게 되었다. 스티브 잡스가 태어난 지 1주일 되던 날, 기독교 신앙을 가진 미국 서부의 평범한 시민 폴 라인홀트 잡스(Paul)와 클라라 헤고피언(Clara) 부부가 아이를 꼭 대학에 보내겠다고 서약서를 써서 보내오자, 조앤 시블은 입양 문서에 서명을 할 수밖에 없었다.

캘리포니아 주 산타클라라에서 살고 있던 잡스 부부는 입양된 아기에게 스티브 잡스라는 이름을 직접 지어주며 '가슴으로 낳은 아이'와의 인연을 매우 소중히 받아들였다.

양아버지인 폴 라인홀트 잡스는 위스콘신 주 저먼타운 낙농장에서 알콜 중독자의 아들로 태어났다. 그럼에도 그는 점잖고 얌전한 성격을 지니고 있었다. 고등학교 중퇴 후에는 기계공으로 일하였으며, 20세 때 캘리포니아 주 해안경비대에 입대하여 전쟁 기간 동안 이탈리아 패튼 장군 예하 부대에서 경비정 기관사로 근무하면서 병력 수송 임무를 수행하였다.

양어머니 클라라 헤고피언은 뉴저지에서 아르메니아 이민자(그녀의 부모는 터키 침공을 피해 아르메니아를 떠난 후 뉴저지에 정착했다)의 딸로 태어났고, 상냥한 성품을 지니고 있었다.

그녀에게는 비밀스러운 과거가 하나 있었다. 폴 잡스를 만나기 전에 이미 결혼을 했는데, 남편이 전쟁에 나가 죽었던 것이다. 폴 잡스가 해안경비대 근무를 마치고 전역하면서 동료들과 어떤 내기를 했는데, 그게 인연이 되어 둘은 만나게 되었고, 1946년 3월에 약혼했다.

둘은 위스콘신에 있는 잡스의 부모 집에서 같이 살다가 인디애나로 집을 옮겼고, 그 후 클라라의 설득으로 샌프란시스코로 이사했다. 폴 잡스는 자동차 정비, 할부금 수금원 등의 직업을 갖고 집안을 꾸려나갔다. 잡스 부부는 행복한 생활을 하였지만, 아무리 기다려도 집안에 아이가 없자 1955년 아이를 입양하기로 마음먹었다.

한편 조앤 시블의 아버지는 아기 잡스의 입양 절차가 끝난 몇 주 후에 죽었다. 그래서 잔달리와 시블은 극적으로 결혼을 하게 되었다. 그로부터 얼마 후 딸 모나 심슨(Mona Simpson)을 낳은 그들은 시리아로 떠났다. 하지만, 둘은 결국 이혼하고 말았다.

잡스는 숨을 거두는 그날까지 폴과 클라라를 유일한 부모로 여기며 살았다. 그는 양부모에 대해서 이렇게 말했다.

"그분들은 1,000% 나의 부모님이십니다."

성인이 된 뒤, 누가 그에게 '양부모'라는 표현을 쓰면 곧바로 '부모'라고 바로잡곤 했다.

"그분들은 내 양부모가 아니라 그냥 저의 부모님이십니다."

반면 그는 친부모에 대해서는 시큰둥하게 말했다.

"그들은 나의 정자와 난자 은행이지요. 무정한 게 아니라 사실이 그래요. 정자 은행일 뿐, 그 이상도 그 이하도 아니지요."

훗날 '잡스를 입양시킨 것을 후회한다. 잡스가 더 늦기 전에 연락해서 함께 커피라도 한잔 한다면 행복하겠다'며 모습을 드러낸 생부 잔달리와는 생의 마지막 순간까지도 화해하지 않았다 (하지만, 잡스는 결혼 전에 자신을 낳아준 생모 조앤 심슨을 만나 대화를 나눴다. 그리고 소설가가 된 친여동생 모나 심슨과도 서로 연락하며 살았다).

4살 때, 그의 가족은 양아버지의 직장을 따라 사우스 샌프란시스코의 산업 단지에 들어선 주택가로 이사했다.

어린 시절 잡스는 전자 회사에 다니는 엔지니어들과 많은 시간을 함께했다. 그는 어린 시절 아이들과 노는 대신 TV 보기나 혼자 자전거 타기를 좋아했다. 그러나 무엇보다도 가장 그의 마음을 잡아끄는 건 새로운 물건의 구조와 작동 원리였다. 그러다가 전자 장치의 작동 원리 쪽으로 그의 관심이 옮겨갔다.

전자기기는 어린 잡스에게 일종의 장난감이었다. 전자기기를 가지고 놀며 아버지의 차고에서 하루 종일 혼자 시간을 보내곤 했다. 전자 제품 내부가 어떻게 구성되어 있는지, 또 어떻게 작동하는지 이해할 수 있게 됐다. 그래서 차고 안에 들어가 새로운 물건을 열어보고 분해하다 망가뜨리기 일쑤였다.

양부모는 툭하면 집안의 전자 제품을 망가뜨리는 잡스를 전혀 말리지 않았다. 아이의 호기심을 충족시키기 위해 무엇이든 부수고 맞추도록 내버려 두었다. 세일즈와 중고차를 사들인 후 수리하여 재판매하는 일을 하고 있던 아버지는 아들이 기계의 작동 원리에 대해 남다른 호기심이 있다는 것을 알아채고, 주말마다 스티브에게 여러 가지 물건 만드는 법을 가르쳐 주었다. 아버지는 잡스가 재미있어 하는 일은 뭐든 적극 지원했다. 무엇이든 알려주면 금방 알아듣는 아들의 자질을 키워주고 싶었던 것이다.

1961년 7세 때 어느 날, 아들에게 기계와 자동차에 대한 자신의 열정을 물려주고 싶었던 아버지는 잡스를 데리고 작업실로 가서 망치와 톱과 몇몇 공구들을 내어준 뒤, 작업대 한쪽에 금을 긋고는 이렇게 말했다.

"스티브, 이제부터는 여기가 네 작업대다."

그날 이후 잡스는 날마다 그 작업대에서 공구들을 가지고 놀았다. 당시를 잡스는 이렇게 회고했다.

"어린 시절 아버지와 함께 시간을 보냈던 차고가 나의 꿈을 키운 공간이었지요. 아버지는 내게 도구를 주면서 그것을 사용해 보라고 하셨어요. 나는 그 도구로 물건을 조립하고 해체하면서 유년 시절을 보냈지요. 그때부터 자유분방하게 사물을 대하는 방법을 익혔던 것 같아요. 자신의 손에 맞는 도구는 처음부터 존재하지 않아요, 도구를 계속 사용하면서 손에 익도록 만드는 게 훨씬 중요하다는 사실을 차고에서 나는 배웠지요."

아버지는 많은 시간을 작업실에서 아들과 함께 보내면서 물건들을 어떻게 만드는지 보여주기도 하고 통풍구, 크롬 합섬 등 자동차 설계의 세부 사항에 대해 설명해 주기도 했고, 또 여러 가지 물건 만드는 법을 직접 가르쳐 주기도 했다.

그러면서 올바른 장인 정신에 대해 말해 주었다.

"훌륭한 목수는 아무도 보지 않는다고 장롱 뒤쪽에 저급한 나무를 쓰질 않는단다. 아름다운 서랍장을 만드는 목수는 서랍장 뒤쪽이 벽을 향한다고 할지라도 싸구려 합판을 사용하지 않지. 캐비닛이나 울타리 같은 것을 만들 때에는 숨겨져 잘 안 보이는 뒤쪽도 잘 다듬는 것이 중요하단다."

이때를 회상하며 잡스는 말했다.
"아버지는 일을 제대로 하는 걸 철칙으로 여기셨지요. 보이지 않는 부분까지 신경쓰면서 말이에요."

이러한 아버지의 교육으로 잡스는 보이지 않는 뒷부분도 앞면과 같이 신경써야 한다는 철학을 배웠으며, 이는 후에 잡스의 제품 철학이 되었다. 하지만 잡스는 실제로 기계를 다루는 데에는 큰 흥미를 보이지 않았다. 오히려 아버지가 부품을 구하기 위해 흥정을 하는 모습을 흥미롭게 지켜보았다.

어머니는 잡스에게 조용히 책 읽는 법을 가르쳐 주었는데, 너무 많은 독서를 하는 바람에 나중에 잡스가 학교 공부에 집중하지 못하게 된 계기가 되었다.

1962년 8세 때 하루는 동네 아이들이 잡스를 놀렸다.

"너 입양됐다며? 그럼 너희 진짜 부모님은 널 원하지 않았다는 얘기야?"

그날 울면서 집으로 뛰어들어갔을 때, 양부모는 울고 있는 잡스에게 이렇게 말했다.

"아니야. 그게 아니란다. 우리가 너를 특별히 선택한 거란다."

훗날 그는 이때를 떠올리며 이렇게 말했다.

"그날 나는 '선택받았다. 나는 특별하다'는 느낌을 받았다."

또 그는 이렇게도 말했다.

"입양되었기 때문에 좋은 점도 있었다. 독립심을 좀더 강하게 해주었으니까."

그런데도, 친부모가 자신을 차버렸다는 사실이 내내 그의 마음을 괴롭혔다. 이때부터 그렇지 않아도 반항적이고 집요한 그의 성격은 더욱 거칠고 강해졌다.

그즈음 폴 잡스는 부동산 중개업을 시작했으나, 불행히도 몇 개월이 되지 않아 부동산 시장에 불황이 닥쳤다. 그래서 잡스 가족은 약 2년 동안 재정적으로 매우 어려운 시기를 보내야 했다.

몬타 로마(Monta Loma) 초등학교에 다닐 때 잡스는 비범한 아이라기보다는 특이한 아이였다. 불량한 아이 부류에 속했다. 친한 친구 릭 페렌티노와 함께 수시로 여러 가지 말썽을 피웠다.

교사에게 대들기도 하고, 담임 선생의 의자 밑에 폭음탄을 설치해 터뜨리기도 하고, 수업 중에 뱀을 풀어놓기도 했다. 보통 사람으로는 결코 할 수 없는 일들을 그는 아주 태연스레 저지르곤 했다. 영악할 정도로 머리가 좋아서 시간 낭비라고 생각하는 숙제는 손도 대지 않았다. 공부에는 별 신경을 쓰지 않으니 학교 성적은 늘 바닥이었다. 잡스는 이런 사건들로 인해 두세 차례 귀가 조치 당하거나 정학을 당했다. 하지만, 아버지 폴 잡스는 학생이 학교에서 공부에 흥미를 가지지 못한다면 그것은 선생님의 잘못이라고 말하며 아들을 혼내지 않았다.

선생들도 잡스에 대해서는 두 손 두 발 다 들어버리고 고개를 절레절레 흔들어댈 정도였다. 훗날 잡스는 이런 고백을 했다.

"틀에 박힌 공부법은 맞지 않았다. 학교생활이 너무 따분했다. 난 다루기 힘든 골칫거리로 변해갔다."

1964년 10세 때, 잡스의 가족은 샌프란시스코(San Francisco)를 떠나 마운틴뷰(Mountain View)로 이사를 갔다. 그리고 거기에서 잡스는 제대로 된 스승을 만났다. 그가 바로 이모진 테디 힐이라는 교사이다.

잡스가 학교 공부를 따분해 한다는 것을 알아차린 선생은 잡스를 컨트롤 할 수 있는 방법이 동기를 부여하는 것이라고 여겼다. 그래서 그에게 상급 과정의 수학 문제를 풀도록 하면서 이렇게 꼬드겼다.

"스티브! 이 고학년 수학 문제를 다 풀면 5달러랑 막대사탕을 너에게 상으로 주마."

테디 힐 선생의 작전은 효과가 있었다. 돈과 사탕과 카메라 제작 공구들은 어린 잡스에게 훌륭한 동기 유발 요인이었다.

이런 식으로 테디 힐 선생은 스티브를 공부의 길로 인도할 수 있었다. 용돈과 카메라 제작 공구들을 얻기 위해 잡스는 난생 처음으로 숙제를 해갔다. 때로는 매우 의욕적으로 자신의 카메라용 렌즈를 직접 갈아서 만들기까지 했다. 스미스소니언 협회의 구술 역사 인터뷰에서 스티브는 이렇게 말했다.

"저는 학문적으로 평생 배운 것보다 그 1년간 배운 것이 더 많을지도 모릅니다."

테디 힐 선생님은 잡스의 내부에 담겨 있던 배움에 대한 열정을 차츰 이끌어 냈다. 잡스는 처음에는 용돈이 욕심나서, 나중에는 그저 선생님을 기쁘게 하는 것을 목적으로 학업에 열중하였다. 이때를 떠올리며 그는 이렇게 말했다.

"선생님은 내 삶의 성자들 가운데 한 분이었다. 4학년 상급반을 가르치셨는데, 한 달 만에 나를 굴복시켰다. '숙제를 다 하면 5달러 주지'라고 말씀하시면서 내게 미끼를 던지셨다. 그 말씀이 내 안에서 뭔가를 배워야하겠다는 열정을 일으켰다."

4학년 말에 잡스는 힐 선생의 권유로 수학 능력 평가를 보았는데, 고등학교 2학년 수준의 수학 능력이 있다는 결과가 나왔다. 테디 힐 선생은 총명한 스티브가 몇 학년 건너뛰어서 고등학교에 입학해도 될 실력이라고 판단했다. 그러자, 부모는 잡스를 한 학년만 월반시키기로 결정하였다. 이때부터 잡스는 자신이 지적으로 특별하다고 믿기 시작했다. 훗날 스티브는 이렇게 회고했다.

"만약 테디 힐 선생님이 없었다면 저는 틀림없이 감옥을 제 집 드나들 듯했을 거예요."

잡스의 6학년 성적표에는 이렇게 적혀 있다.

"잡스는 뛰어난 독서가다. 하지만 독서를 하느라 너무 많은 시간을 허비한다. 잡스는 공부에 의욕을 갖거나 목적을 세우는 데 어려움을 겪고 있다. 때때로 규율에 어긋나는 행동을 한다."

학교 못지않게 잡스의 성장에 중요한 부분이 있다. 바로 주변 환경이다.

잡스 가족이 이주한 캘리포니아 주 중서부에 있는 마운틴뷰는 오늘날 미국 첨단 벤처 산업의 중심지인 '실리콘밸리'였다. 이곳에 사는 엔지니어들은 차고에 온갖 잡동사니를 쌓아놓고 일요일이면 뚝딱뚝딱 전자 부품을 만들곤 했다.

어린 시절 잡스에게 이 풍경은 전자기기에 대한 호기심을 불러일으켰다. 스티브는 주말이면 이집 저집 차고에 놀러 다니며 엔지니어 아저씨들에게 전자 부품을 이용해 물건을 만드는 방법에 대해 배웠다. 집집마다 차고에 넘치는 전자 장치를 분해하고 조립하는 일, 이것은 그가 혼자서 즐길 수 있는 가장 짜릿한 놀이였다. 이웃 아저씨들을 통해 그는 정작 중요한 것은 학교에서 가르쳐 주지 않으며, 학교 공부를 잘하지 않더라도 충분히 성공할 수 있다는 사실을 자연스럽게 보고 배울 수 있었다. 무엇보다 전자제품을 다른 시각으로 바라볼 수 있게 되어 좋았다. 집에 있는 전자 제품들이 더이상 그에게 마법의 상자가 아니었다.

TV를 보면 이런 생각이 불쑥 들었다. '한번 만들어 볼까?' 전자 부품은 어떻게 조립하느냐에 따라 모양이 예쁠 때도 있었고, 못생길 때도 있었다. 잡스는 부품을 갖고 놀면서 사람에 따라 부품이 여러 형태로 바뀌게 되는 것을 알게 되었다. 부품을 갖고 놀면서 집중력도 키울 수 있었다. 훗날 그는 이렇게 회상했다.

"그때 여러 경험을 통해 나는 아무리 복잡한 물건도 결국 사람이 만드는 것에 불과하다는 것을 알 수 있었다. 주변에 널려 있는 물건은 무엇이든 내가 직접 만들 수 있다는 생각이 들었다. 그래서 스스로 어떤 물건을 만든다는 게 더이상 신기한 일이 아니었다. 무슨 말이냐 하면 이런 거다. 예를 들어 텔레비전이 한 대 있으면 나는 이런 생각을 한다. '텔레비전을 만들어본 적이 없지만, 만들 수 있을 것 같다. 히스키트(트랜지스터라디오 같은 가정용 전자 제품을 설명서에 따라 조립해 완제품으로 만드는 아마추어용 전자공학 키트) 카탈로그에 나와 있고, 또 나는 히스키트 제품을 두 개나 이미 만들어 봤으니까 텔레비전이라고 못 만들 것도 없잖아'라고. 사실 그런 물건들은 사람이 만들어낸 것이지 어떤 마법의 힘으로 우리 주변에 있는 게 아니라는 사실이 점점 분명해졌다. 이러한 경험은 내게 강한 자신감을 불어넣어 주었다."

어느 날 잡스는 차고에서 작가이자 발명가인 스튜어트 브랜드의 저서 〈더 홀 어스 카탈로그(The Whole Earth Catalog)〉란 책을 발견했다. PC나 전자 출판이 존재하기 전인 1960년대 후반에 나온 이 책은 타자기, 가위, 폴라로이드로 만든 지구백과였다. 잡스는 곧 이 카탈로그의 열렬한 팬이 되었다. 특히 고등학생이던 1971년에 나온 최종판에 그는 크게 매료되었다.

이 책은 잡스가 '35년 전 구글 버전'이라고 소개할 만큼 온갖 잡다한 지식을 카탈로그 형태로 정리해 놓은 것이었다. 그는 청소년 시절 이 책을 들고 다니며 틈날 때마다 탐독하고, 동네 친구들과 그 책의 내용을 놓고 토론을 벌이기도 했다.

훗날 죽음의 공포를 극복한 뒤 후배들에게 조언하는 자리에서도 그는 '늘 무엇인가를 갈망하며 미련할 정도로' 자료를 모아 발간했던 작가의 배고픔과 우직함을 떠올릴 정도였다. 그는 대학 생활을 할 때와 'All in one farm'에서 지낼 때도 이 카탈로그를 꼭 곁에 두고 참고했다. 이 책은 미국 히피 공동체에 필요한 잡학 지식을 공급하기도 했다. 또 해커들도 이 책을 탐독한 뒤 미래 기술을 놓고 격론을 벌이곤 했다.

'모든 정보는 공유되어야 한다'는 인터넷 정보 공유 운동의 뿌리도 사실상 히피 문화와 해커 문화에서 나왔다고 봐야 할 것이다.

어쨌든 이 지구백과 사전은 훗날 잡스의 인생에 커다란 영향을 미치게 되었다. 최종판 뒤표지에는 이른 아침의 시골길 사진과 짧은 글귀가 실려 있었다.

"모험심 가득한 사람이 히치하이킹을 하고 있을 법한 그런 길요. 거기엔 이렇게 쓰여 있었어요. '늘 갈망하고 우직하게 나아가라(Stay Hungry, Stay Foolish)'."

이때부터 그는 나중에 애플 사의 사훈이 된 이 말을 되뇌며 다녔다. 훗날 잡스는 스탠퍼드 대학 졸업식에서 실리콘밸리의 히피 문화 대부였던 스튜어트 브랜드의 이 말을 인용해 이런 메시지를 남겼다.

"항상 갈망하고, 끝없이 배우십시오. 저 역시 살아있는 동안 항상 그러기를 바랄 것입니다."

잡스는 초등학교 때부터 알고 지내던 래리 랭의 차고를 종종 찾아갔다. 래리 랭은 집에서 일곱 번째 집 건너에 살고 있었다. 당시 HP(휴렛패커드) 사의 엔지니어였던 래리 랭은 잡스에게 가장 큰 영향을 미친 사람이었다. 래리 랭은 친절하게 잡스에게 여러 가지 부품을 구해다 주었다. 래리 랭 때문에 잡스는 초등학교 때 히스키트에 관심을 가지게 되었고, 전자 제품의 작동 원리를 익히게 되었다.

1965년 11세 때 그는 컴퓨터라는 것을 처음 보게 되었다. 그것은 NASA가 실리콘밸리에 만들어 놓은 연구 센터에 놓여 있던 터미널이었다. 터미널은 독자적으로 동작하지 않기 때문에 엄밀히 말하면 컴퓨터라고 할 수 없었지만, 유선으로 메인프레임 컴퓨터와 연결되어 있기 때문에 전체적으로 보면 컴퓨터였다.

스티브 잡스는 이것을 보자마자 그의 표현에 따르면 "사랑에 빠졌다"고 했다.

또한 래리 랭은 HP 탐구자 클럽에 잡스를 합류시켰다. 잡스는 이 클럽에서 거대한 몸집의 컴퓨터들을 볼 수 있었고, 잡스는 이 컴퓨터를 아주 인상적으로 바라보았다. 훗날 그는 이렇게 말했다.

"거기서 나는 첫 데스크톱 컴퓨터를 봤어요. 9100A라고 불린 그것은 사실 계산기를 미화해 말하는 것이었지만 진정 최초의 데스크톱 컴퓨터이기도 했지요. 20킬로그램 정도 되는 거대한 몸집이었지만 정말 아름다웠어요. 첫눈에 반해 버렸지요."

그는 이미 히스키트를 통해 전자 부품들과 조립, 그리고 기계들의 동작 원리를 깨우친 상태여서, 그의 호기심을 끄는 건 컴퓨터뿐이었다. 당시의 컴퓨터는 덩치가 무척 크고 가격은 엄청나게 비쌌기 때문에 개인 소장은 꿈도 꿀 수 없었다. 그래도 그는 복잡한 계산을 순식간에 처리해 내는 컴퓨터의 매력에 푹 빠져 버렸다. 컴퓨터 얘기만 나오면, 그의 눈이 초롱초롱해졌다.

잡스는 6학년 때 한 해를 월반해서 바로 중학교에 입학할 정도로 공부를 잘했다. 하지만 크리텐든 중학교에 들어가게 된 뒤에도 잡스의 고집스럽고 배타적인 성격은 여전했다. 외톨이에 고집불통이었다. 이른바 사춘기가 찾아왔던 것이다. 그도 그럴 것이 크리텐든 중학교는 마운틴뷰에서도 빈민 지역에 있었다. 다양한 인종으로 이뤄진 그곳 학생들은 성정이 아주 거칠었고 걸핏하면 패싸움을 일삼았다. 거리의 깡패들은 성폭행을 저지르기도 했다. 우수한 성적으로 남들보다 일찍 중학교에 들어간 탓에 또래에 비해 다소 어린 그였기에 종종 괴롭힘을 당했다. 이는 그에게 지독한 고통이었다.

어느 날 잡스는 더이상 크리텐든 중학교에 다니지 않겠다는 뜻을 부모에게 단호히 밝혔다. 날마다 다른 학교로 보내달라고 부모에게 떼를 썼다. 그러자 아버지는 당장 집을 팔고 마지막 잔돈까지 다 털어, 쿠퍼티노와 서니베일 학군의 경계선 바로 안쪽에 있는 가장 안전하고 우수한 학군이 있는 캘리포니아 주 쿠퍼티노(현재 애플 본사가 있는 지역)의 크리스트 드라이브 2066번지로 이사했다.

크리텐든 중학교에서 쿠퍼티노(Cup) 중학교로 전학 와서도 스티브는 여전히 또래 아이들과 어울리며 여자 친구를 사귄다거나 시시한 장난 따위를 할 생각이 눈곱만큼도 없었다.

하루는 그가 인근의 과수원에서 한 농부를 만났다. 그 농부는 잡스에게 유기농법으로 텃밭을 돌보는 법과 퇴비를 만드는 법

등을 알려 주었다. 그는 이때부터 유기농법으로 재배한 과일과 채소를 좋아하게 되었고, 온전한 채식주의자가 되어갔다.

하루는 송아지가 태어나는 모습을 보고 매우 놀랐다. 태어난 지 불과 몇 분 만에 일어서서 걷기 시작하는 송아지를 보면서 이렇게 말했다.

"송아지가 걷는 것을 배워서 안 게 아니잖아요."

그는 나중에 이렇게 회고했다.

"송아지 몸에는 이미 하드웨어가 내장되어 있다고 해야 맞겠지요. 마치 동물 몸과 뇌에 즉시 협력할 수 있는 무언가 설계되어 있는 것 같았죠. 학습 과정과는 별개로 말이죠."

잡스는 9학년이 되자 홈스테드 고등학교(Homestead High School)에 진학했다. 1학년 때는 주파수 계수기를 만드는 공장에서 아르바이트를 했다. 그때 아버지는 아침마다 데려다 주고 저녁에 데려오는 일을 즐거이 반복했다.

15세 때 하루는 차고에서 주파수 측정기를 만들다가, 부품 하나가 빠진 걸 알게 됐다. 그는 전화번호부를 뒤져 전화를 걸었다.

"안녕하세요. 전 스티브 잡스라고 해요. 제가 주파수 측정기를 만들려고 하는데, 부품이 하나 모자라서요. 저에게는 반드시 필요한 부품이에요. 사장님은 저에게 도움을 주실 수 있을 것 같아서 전화를 걸었어요."

당시 전화를 받은 사람은 휴렛패커드(Hewlett-Packard) 사의 공동 창업자인 빌 휴렛이었다. 빌 휴렛과는 아무런 안면도 없었음에도 불구하고 그는 20분이나 되는 끈질긴 통화 끝에 원하는 부품을 구할 수 있었다. 이게 인연이 되어 그는 나중 HP 사의 아르바이트 자리까지 얻게 되었다.

여름 방학에 했던 이 아르바이트는 공장 내 주파수 측정기 조립 라인에 하루 종일 서서 나사를 박는 단순한 노동이었다. HP 사에서 일할 때는 직원들보다는 윗층에서 일하는 엔지니어들과 더 친하게 지냈다. 전자 분야에 관심이 많았던 그는 이따금 HP 사에서 열리는 방과 후 강연을 종종 듣곤 했다. 할텍이라는 전자 부품 상점에서 재고품 정리하는 점원으로 일하기도 했으며, 때로는 신문 배달도 했다. 실베이니아라는 전기 및 전자 제품 제조 회사에서 아르바이트를 할 때는 다양한 전자기기들을 접할 기회를 가졌다. 그때마다 그는 호기심을 보이고 신기해하며 즐거워했다.

1970년 16세 때 그는 첫 자가용을 갖게 되었다. 아버지가 MG 엔진을 장착해 준 2색조 내시 메트로폴리탄이었다.

고교 시절에 그는 다양한 경험을 하는데, 그것의 주가 되는 것이 반문화 운동이었다. 잡스는 반문화 운동에 빠져 있던 12학년의 여러 학생들과 많은 교류를 하며 전자공학과 수학, 과학 등에 대한 많은 이야기를 나누었으며, 마약의 한 종류인 마리화나와 LSD, 그리고 반문화 운동 전반에 대해서도 흥미를 보였다.

그는 고교 1~2학년 여름 방학 때 마리화나를 피우기 시작했고, 고교 3학년 때는 LSD까지 손댔다. 또한 그는 후에 실리콘밸리의 전설이 된 존 맥콜럼(John McCollum) 교사의 전자공학 수업을 1년간 듣기도 하였다.

이때 배운 지식으로 광전자를 이용해 빛에 노출되면 회로가 켜지는 장치를 만들기도 했다. 또 친구들과 스테레오 시스템에 거울을 부착해 놓고 레이저 반사 방식으로 뮤직 라이트 쇼를 연출해 보기도 했다. 때로는 군대식 규율을 중요시하는 맥콜럼에게 권위에 대한 반감을 숨기지 않았다. 이렇듯 맥콜럼에게 미움을 샀던 잡스와 달리, 후에 잡스와 함께 애플 사를 세운 스티브 워즈니악(Steve Wozniak)은 맥콜럼의 총애를 받던 학생이었다.

어느 날, 그는 고등학교 때 자신이 해야 할 일에 대해서 어렴풋이나마 알게 되었다. 전자공학과 창작의 교차점에 서 있는 자신을 발견했던 것이다.

"어릴 때부터 항상 저 자신이 인문학적 성향을 지녔다고 생각했어요. 그런데 전자공학도 무척 맘에 들었거든요. 그러던 어느 날 저의 영웅 중 한 명인 폴라로이드 사의 에드윈 랜드가 한 말을 읽었어요. 인문학과 과학 기술의 교차점에 설 수 있는 사람들의 중요성에 관한 이야기였는데, 그걸 읽자마자 저도 그런 사람이 되고 싶다고 결심했지요."

그는 책으로 프로그래밍 언어인 포트란(fortran)을 배웠으며, 디지털 이큅먼트 사의 시스템을 담아 놓은 매뉴얼도 공부했다. 더불어 그는 과학 분야가 아닌 다른 여러 분야의 책들도 관심을 가지고 많이 읽기 시작했고, 음악도 많이 들었다. 잡스는 특히 〈리어 왕〉과 〈모비 딕〉, 그리고 딜런 토마스의 시를 좋아했다. 이렇듯 혼자만의 시간을 보내다 보니, 또래 친구들과 잘 사귀지 못했다.

1971년 17세 때 그는 '나는 누구인가?'라는 정체성의 혼란을 겪으면서 자신이 누구인지, 앞으로 무슨 일을 하면서 살아야 하는지 등에 관심을 보였다. 당시 1970년대의 미국 사회는 거리마다 반문화 정신으로 무장한 히피들이 넘쳐났다. 그는 그들의 독특한 차림새와 자유분방한 문화에 점점 빠져들었다. 정신적인 방황 속에서 뚜렷한 해답을 찾지 못하고 있던 그는 히피 문화에서 자양분을 섭취하며 자기만의 세계를 구축해 나갔다. 그 당시를 떠올리며 그는 이렇게 회고했다.

"내가 입양되었다는 사실을 알게 된 이후, 나는 당시 미국 히피 문화에 흠뻑 젖어 지냈다."

그는 가끔 친어머니가 보고 싶어 울었다. 잡스의 한 친구는 이렇게 증언했다.

"잡스는 친부모가 누구인지를 알고 싶어했다. 부모를 알아야 자기 자신을 제대로 알 수 있다며. 친부모를 찾고 싶어하는 그의 열망은 정말 깊었다."

어느 날, 그는 자신의 인생이 가치 없는 인생이 아니라는 것을 증명하기 위해서라도 뭔가 확실하고 대단한 일을 이루어내야 한다고 생각했다. 친부모에 대한 공허함과 슬픔을 잊기 위해 그는 집요하게 뭔가에 파고들었다.

하루는 하나님을 숭배하는 일과는 어떠한 관련을 맺기 싫다고 선언했다. 이후 그는 다시는 교회에 나가지 않았다. 훗날 그는 자신이 경험한 영적 감정들을 되돌아보며 이렇게 말했다.

"종교가 교리 수용보다는 영적인 체험을 강조할 때 최상의 상태에 있는 것이라 생각합니다. 신앙보다는 예수처럼 살거나 예수처럼 세상을 바라보는 것에 중점을 둬야 하는데, 오히려 신앙

그 자체만 너무 강조하는 바람에 오늘날 기독교가 핵심을 잃게 된 것이라 생각합니다. 각 종교는 동일한 집에 들어가기 위한 각기 다른 문이라고 생각해요. 어떨 때는 그 집이 존재한다고 생각하지만, 또 어떨 때는 안 그래요. 엄청난 미스터리지요."

잡스는 전자기기 말고도 자신이 좋아하면서 가장 잘할 수 있는 일이 무엇인지 알기 위해 끊임없이 찾아다녔다. 자신의 관심을 끄는 일이라면 무엇이든 바로 시도했다. 한번은 수영팀에서 한동안 활동했던 적도 있다. 워즈니악과 페르난데스가 차고에서 컴퓨터를 만들고 있을 때, 그는 전자 부품 상점에서 주말 아르바이트를 하며 전자 부품에 대한 안목을 키워 나갔다.

하루는 그가 책을 읽다 너무나 강렬한 구절을 만나게 되었다.

'하루하루를 인생의 마지막 날처럼 산다면, 언젠가는 바른 길에 서 있을 것이다.'

잡스는 이 문장에 감명 받았다. 그 뒤 매일 아침 거울을 보면서 자신에게 묻곤 했다.

"오늘이 내 인생의 마지막 날이라면, 지금 하려고 하는 일을 할 것인가? '아니오!'라는 답이 계속 나온다면 다른 것을 해야 한다는 걸 깨달았다."

잡스는 이웃에 사는 친구 빌 페르난데스와 친했다. 두 사람은 또래 친구들에게는 괴짜 취급을 당했지만 동네의 엔지니어와 과학자들과는 무리 없이 잘 어울렸다. 페르난데스의 집 맞은편에는 한 엔지니어 가족이 살고 있었다. 그 집 가장인 제리 워즈니악은 록히드에 다니는 엔지니어였는데, 빌 페르난데스는 제리

아저씨에게 전자에 대해 많은 것을 배웠다. 제리의 아들 스티브 워즈니악도 전자 분야에 관심이 많았다.

하루는 워즈니악의 친구이자 잡스의 친구이기도 했던 빌 페르난데스가 워즈니악에게 이렇게 말했다.

"이봐 네가 만나 봐야 할 친구가 있어, 스티브라는 친군데, 너처럼 기발한 장난을 좋아하고 전자기기를 조립해."

얼마 지나지 않아 빌 페르난데스는 잡스에게 전화를 걸어 서니베일에 있는 자기 집으로 놀러오라고 했다. 그때 잡스는 빌 페르난데스의 집에서 1마일 떨어진 로스알토스에서 살고 있었다. 잡스와 워즈니악은 페르난데스의 집 앞 인도에 앉아 각자가 벌였던 기발한 장난과 설계했던 전자기기에 대해 오랫동안 이야기를 나눴다. 워즈니악은 이때를 떠올리며 이렇게 말했다.

"보통은 사람들에게 내가 하고 있는 설계가 어떤 것인지를 설명하는 일이 매우 힘들었다. 하지만 스티브 잡스는 바로바로 이해했다. 그런 그가 마음에 들었다. 그는 마른 체격이었지만 강인해 보였고 에너지가 넘쳤다. 잡스는 차고로 와서 기판이 타 버리기 전의 컴퓨터를 보고 그것에 대한 우리 설명을 들었다. 그는 우리가 맨땅에 헤딩하듯 컴퓨터를 만들어낸 것 하며 이렇게 작은 크기의 컴퓨터를 만들 수 있다는 것에 깊은 인상을 받은 듯했다. 잡스는 아직 고등학생이었고 내가 사는 서니베일에서 1마일 떨어진 로스알토스에 살고 있었지만 우리는 곧 친해졌다. 빌이 잘 봤다. 우리 둘은 닮은 데가 참으로 많았다. 우리는 전자기기, 좋아하는 음악 그리고 우리가 쳤던 장난에 대해 이야기했다. 그 것도 모자라 우리 둘은 함께 기발한 장난을 치기도 했다. 스티브와 나는 밥 딜런의 노래를 듣고 가사를 음미하면서 딜런과 비틀

즈 중에 누가 더 뛰어난 가수인지 이야기했다. 우리는 둘 다 딜런을 좋아했다."

당시 워즈니악은 동네 사람들 중에서 알아주는 전자 분야의 최고 기술자로 통했고 이미 정교한 컴퓨터 회로도를 설계할 줄 아는 진짜 전자공학도였다. 뒷날 애플의 동업자가 된 스티브 워즈니악과 스티브 잡스의 역사적인 첫 만남은 이렇게 시작되었다. 워즈니악을 처음 만나 느낀 소감을 잡스는 이렇게 말했다.

"워즈니악을 만나 내 자신이 얼마나 전자공학에 대한 지식이 부족한지 알게 되었다. 워즈니악은 컴퓨터에 대한 천재적인 기술이 있었고 나는 그 기술이 세상에 어떻게 영향력을 미칠지에 관심이 많았다."

홈스테드 고등학교 졸업반 때였다. 잡스가 기발한 장난을 계획했다. 그는 졸업식 때 가운뎃손가락을 치켜 올린 이른바 '엿 먹어라' 그림이 들어간 걸개그림을 만들 생각이었다. 문구는 '성공을 기원하며'였다.

걸개그림을 완성하기 위해 잡스와 워즈니악은 나흘 밤을 꼬박 매달렸다. 잡스가 먼저 지쳐 떨어졌다. 연일 밤샘하기에는 그의 체력이 딸렸던 것이다. 그런데 결국 걸개그림은 아무런 역할도 하지 못하고 말았다. 어느 누가 낚싯줄을 끊고 미리 걸개그림을 펼쳐 놓았기 때문이다. 나중에 알고 보니, 잡스가 다른 친구들에게 비밀 계획을 이야기한 것도 모자라 걸개그림을 직접 보여주기까지 했다는 사실이 드러났다. 걸개그림의 비밀을 잡스에게서 들은 친구가 그 짓을 했던 것이다.

1972년 18세 때인 고교 3학년 2학기 봄부터 그는 크리스앤 브레넌이라는 히피 성향의 가냘픈 소녀와 사귀기 시작했다. 그녀는 고교 2학년생이었다. 둘은 이따금 만나 데이트를 즐겼다. 같은 해 여름 고교 졸업식을 마친 며칠 뒤부터 그는 그녀를 데리고 로스알토스 인근에 있는 야산의 오두막으로 거처를 옮겨 동거 생활에 들어갔다.

대학 진학을 결정해야 될 시기가 되자 잡스는 양부모에게 대학에 진학하지 않겠다고 선언했다. 하지만 17년 전에 잡스 부부는 입양한 아이를 꼭 대학에 보내겠다고 친부모에게 약속하였고, 잡스의 대학 진학을 위해 학자금을 어느 정도 모아 둔 상태였으므로 잡스를 끈질기게 설득하였다. 그러자 잡스는 학비가 싼 주립 대학에는 절대 진학하지 않겠다고 선포하고는, 미국에서도 학비가 가장 비싸고 게다가 집에서 멀리 떨어져 있는 리드 대학에 가겠다고 고집을 부렸다. 그러면 부모가 대학에 진학하라는 권면을 포기할 것으로 여겼던 것이다. 또 다른 이유는 만약 그곳에 가게 된다면 그곳이 바로 자기가 좋아하는 미국 히피들의 집합소였기 때문이었다.

스탠퍼드 대학에 장학생으로 충분히 입학할 수 있는 실력을 갖춘 아들이 여러 모로 부담스러운 리드 대학을 선택했지만 부모는 아무 말 없이 지지해 주었다.

아들의 입학금을 마련하기 위해서 부모는 10년간 모은 적금 통장을 깼다. 이 통장은 부모가 가진 전 재산이나 다름없었다.

베트남 전쟁과 징집으로 야기된 긴장감이 점차 풀려갈 즈음인 1972년 여름, 고등학교를 졸업한 잡스는 오리건 주 포틀랜드에 있는 사립 인문 과학 대학인 리드 대학에 들어갔다.

대학 1학년 때 그는 선(禪) 사상에 깊숙이 빠져들었다. 그는 마약을 중단하고 새로운 이상향을 찾아 동양 철학을 공부했다. 하루는 그가 이렇게 말했다.

"불교를 접한 것이야말로 내 인생의 가장 중요한 일 중 하나였다. 동양 철학은 그동안 합리적이고 분석적인 전자공학에 치우친 나의 정신세계에 균형을 잡아주는 역할을 했고 무슨 일을 하든지 자신의 직관에 의지해야 한다는 것을 가르쳐 주었다."

그의 선 사상에 대한 집착은 대단했다. 그는 배운 것을 단순히 머리로만 알고 있지 않고, 이를 자기 특유의 열성으로 삶에 깊이 받아들이려고 했다. 그러한 노력은 그의 인성 곳곳에 깊이 뿌리를 내리기 시작했다.

영성과 깨달음에 대해 다룬 바바 람 다스(본명; 리처드 앨퍼트)의 〈지금 이곳에 존재하라〉를 읽고 심취하기도 했다. 나중에 그는 이렇게 회고했다.

"그 책은 정말 심오한 책이었어요. 나와 친구들 상당수를 완전히 개조해 놓은 책이었지요."

대니얼 콧키(댄 콧키)라는 부잣집 출신의 히피 신입생과 아주 친하게 지냈다. 선(禪)과 밥 딜런, LSD 등에 대한 관심도 공유하면서, 콧키의 여자 친구 엘리자베스와도 많은 시간을 함께 보냈다. 엘리자베스의 침실 위쪽 다락방에 명상실을 마련해 놓고, 인도 그림과 두리깔개, 양초, 방석 등으로 꾸며놓고, 거기서 셋은 대부분 명상 수련을 하다가 어쩌다 한 번씩 환각제를 복용하기도 했다.

대학 1학년 때 기숙사에 방이 없고 또 기숙사비도 없어 친구들 방의 바닥에서 잠을 잤고, 때로는 포틀랜드 서쪽에 있는 하렘 크리슈나 사원(크리슈나 신을 믿는 힌두교 사원)에서 열리는 종교 행사에 참석했다. 동행한 친구로는 콧키, 홈즈, 프리들랜드 등이었다. 홈즈는 당시를 이렇게 회상했다.

"우리는 목청껏 노래 부르고 춤추며 놀았죠. 황홀한 광란으로 치닫기 위해 우린 노력했어요. 사원의 승려들과 제자들이 찾아와 쿠민과 고수, 강황 등 향내로 그윽한 채식 만찬을 준비하는 날도 있었죠. 그러면 우리는 종이 접시에 가득 담긴 채식 식사를 얻어먹곤 했죠."

이 무렵 그가 읽은 책으로는 파라마한사 요가난다의 〈어느 요가 수행자의 자서전〉, 리처드 모리스벅의 〈우주 의식〉, 초감 트롱파의 〈마음 공부〉, 프렌시스 무어 라페의 〈작은 지구를 위한 식습관〉, 아르놀트 에렛의 〈디톡스 식습관의 치유 체계〉 등이었다. 이 중에서 〈작은 지구를 위한 식습관〉과 〈디톡스 식습관의 치유 체계〉는 그와 콧키를 진정한 채식주의자로 만드는 데 크게 기여했다. 둘은 장 청소를 통한 몸 정화를 위해, 철저한 채식주의자가 되었다. 견과류와 물을 주로 섭취하다가, 어떤 때는 몇 달 동안 당근과 사과만을 먹고 지내기도 했다. 훗날 펩시에 계약하러 들렀을 때, 펩시 음료에는 전혀 손대지 않았다. 당시를 그는 이렇게 회고했다.

"그때부터 나는 육식을 영원히 멀리하기로 결심했지요. 전분이 없는 야채와 과일만 먹으면 몸에 해로운 점액이 형성되는 걸 막을 수 있다고 믿었기 때문이죠. 아울러 장기 단식을 정기적으로 단행하여 몸을 깨끗이 해야 한다고 여겼지요."

기분이 내켜 낭만이 발동하여 바닷가로 여행 가고 싶을 때면 지나가는 차를 얻어 타고 어디든 떠났고, 멕시코로 여행 떠날 때는 공항에서 개인용 경비행기 조종사를 꾀어서 비행기를 얻어 타고 가기도 했다. 이때부터 그는 말 몇 마디로 원하는 것을 모두 해결할 수 있는 배짱을 보이기 시작했다.

필수 과목들을 반드시 이수해야 한다는 학교의 규정이 마음에 들지 않았던 잡스는 듣고 싶은 과목 수업에만 들어갔다. 그러면서도 들을 가치가 없는 수업을 위해서 부모가 비싼 학비를 낸다는 것이 마음에 걸렸다. 예전에 어머니 클라라가 집안 형편이 어려운데도 아들을 수영 강습에 등록시키기 위해서 베이비시터가 되었다는 사실이 그의 가슴속에 부담감을 안겨 주었었는데, 이번에는 아들의 대학 진학을 위해 양부모가 평생 모았던 재산을 대학 등록금으로 사용했다는 사실이 적잖은 자책감을 갖게 했다. 이 때문에, 그는 1학기 말에 자퇴해 버렸다. 그 이유를 그는 이렇게 밝혔다.

"마음 편히 대학을 다닐 수 없었다. 양부모가 평생 모은 돈이 고스란히 학비로 지출됐기 때문이다."

그리고는 이렇게 덧붙였다.

"처음엔 무서웠지만 되돌아보면 대학을 그만둔 것은 내가 평생 했던 결정 가운데 최고의 선택이었다."

자퇴 후에도, 그는 특유의 수완으로 두 학기 동안이나 기숙사 빈방에 눌러 붙어 청강생으로 캠퍼스 생활을 좀더 즐겼다. 18개월 동안 대학에 머물면서 강의를 두루 도강했다. 그 중에서도 가장 흥미 있는 과목은 서체였다.

"서체는 정말 아름답고 역사적이며 예술적인 매력이 있었고, 과학이 발견하지 못하는 그 무엇이 있었습니다."

특히 그가 들은 캘리그래피(calligraphy; 글자를 다루는 시각 디자인의 한 분야로, 출판계에서는 책의 주제를 아름다우면서도 개성 있는 글씨로 요약하여 표현하는 것을 목적으로 표지 디자인에 응용하는 과목) 청강은 10년 후 첫 매킨토시 컴퓨터를 디자인할 때 빛을 발했다.

이는 제록스 사의 연구소에서 개발한 그래픽사용자 인터페이스(GUI)를 애플 제품에 적용하면서 수려하고 다양한 서체를 만들어내는 데, 또 모든 제품의 기술 위에 멋진 디자인, 단순한 외양, 부드러운 느낌, 우아한 품위, 따스한 인간미, 낭만 담긴 로맨스 등까지 결합하도록 하는 데 도움이 되었다.

훗날 그는 이렇게 토로했다.

"글자를 조합할 때 글자 사이 공간 조절하는 방법, 조판을 멋지게 구성하는 방법 등 과학적으로 포착할 수 없는 심미적이고 역사적인 그 무엇, 예술적으로 미묘한 그 무엇을 느낄 수 있는 수업이었지요. 만약 내가 대학 시절 그 수업을 받지 못했다면, 다양한 활자체와 비율 맞게 공간이 조절된 폰트를 결코 갖추지 못했을 겁니다."

그러면서 이렇게 덧붙였다.

"내가 대학을 그만두지 않았다면 매킨토시는 결코 그렇게 다양한 서체를 가지지 못했고, 균형 잡힌 폰트도 얻지 못했을 것입니다."

"미래를 내다보며 점들을 이을 수는 없습니다. 오로지 뒤를 보며 점들을 이을 수 있을 뿐이죠. 뭔가 확신을 가져야 합니다. 여러분의 배짱, 운명, 인생, 뭐든지 말이죠. 이런 사고방식은 한 번도 나를 실망시키지 않았습니다. 그리고 내 인생을 변화시켜 왔습니다."

대학 기숙사에서 나온 뒤, 그는 친구 집을 전전하며 지냈고, 잠은 길바닥에서 잤고, 5센트짜리 빈 콜라병을 모아 팔아서 끼니를 해결했다. 때로는 힌두교 사원에서 1주일에 한 번 주는 공짜 식사를 얻어먹기 위해 일요일 밤마다 7마일을 걸어가곤 했다.

히피 문화에 깊이 매료된 그는 장발에다 맨발로 다녔고, 선불교를 믿고 채식만 해서 샤워를 할 필요가 없다고 생각하여 그의 몸에선 늘 악취가 났다. 게다가 엄청난 자존심과 다혈질적 성격 때문에 괴팍하여 주위와의 불화가 끊이질 않았다. 자기 뜻대로 안되면 애들처럼 울고 스트레스를 풀기 위해 변기 안에 발을 집어넣고 물을 내리곤 했다. 그뿐이 아니라 영감을 이끌어낸다며 마약을 공공연히 즐겼다. 그는 훗날 이렇게 밝혔다.

"1970~1974년 고등학생이나 대학생 시절 마리화나, 해시시, LSD 등을 복용한 경험이 있다."

"LSD는 심오한 경험이었어요. 인생에서 가장 중요한 경험 중

하나였지요. LSD는 사물에 이면이 있음을 보여 주었지요. 약 기운이 떨어지면 무엇을 보았는지 기억할 수 없었지만 뭔가를 보았다는 사실만큼은 알 수 있었어요. 그것은 무엇이 중요한지에 대한 저의 인식을 강화해 주었지요. 돈을 버는 것보다 멋진 무언가를 창출하는 것, 할 수 있는 한 최선을 다해 모든 것을 역사의 흐름과 인간 의식의 흐름 속에 되돌려 놓는 것이 중요하다는 것을 알게 되었습니다."

하루는 학교 건물 바닥에 쓰러져 자고 있는데, 지나가던 어느 교수가 용돈으로 쓰라고 몇 백 불을 손에 쥐어 주었다. 훗날 그는 이 고마움을 갚기 위해 리드 대학에 이천만 달러를 기부했다.
몇 달간의 길거리 히피 생활이 나중에 그에게 귀중한 체험의 일부로 자리잡아 성공의 디딤돌이 되어 주었다.

1972년 후반, 그는 깨달음에 대한 다양한 책들에 깊이 심취했다. 스즈키 순류의 〈선심초심(禪心初心)〉이 그중 하나였다. 그는 자아 탐구와 깨달음을 향한 목마름을 채우기 위해, 매주 로스앨터스까지 와서 하는 스즈키 순류의 강의를 자주 들었다.
"눈을 감고 호흡을 가다듬고 내면으로 뛰어든 다음, 한 차원 높은 통찰력을 얻어, 유아기에 억압된 감정을 해소함으로써 심신을 회복하는 치유법(프라이멀 요법)이었지요."

1973년 19세 때 잡스는 오리건 주 '올인원팜(All in one farm)'이라는 사과 농장에서 히피 공동체 생활을 하다가 그곳에 기거하던 한 승려를 만났다. 그가 평생 정신적 스승으로 의지한 일본

선불교 승려 오토가와 고분치노(乙川弘文; おとがわ こうぶん)였다.

1974년 2월 20세 때, 그는 리드 대학에서 18개월 동안 놀며 보낸 후, 직장을 구하기로 결심하고 부모가 있는 로스앨터스로 돌아왔다. 어느 날 우연히 비디오 게임 업체인 아타리(Atari) 사에서 낸 구인 광고를 보게 되었다.

신문 〈새너제이 머큐리〉의 구인 광고란에는 '즐기면서 돈 버는 곳'이라고 적혀 있었다. 퐁 비디오 게임 오락실 버전(플레이어 두 명이 게임 컨트롤러인 패들을 돌려 스크린에 보이는 막대를 움직여 깜박거리는 점 하나를 상대편 쪽으로 도로 때려 보내는 탁구와 테니스를 흉내 낸 2차원 게임)으로 자리잡은 아타리는 고속 성장한 벤처 기업의 상징이었다. 게임에 대한 전문 지식은 없었지만 평소 퐁 게임에 흠딱 반해 있던 그는 직원이 되고 싶어, 아타리 사로 향했다.

1974년 5월, 그는 냄새나는 수염투성이에 장발을 한 전형적인 히피의 모습을 하고 수위실을 통과하려 했다. 무작정 경영진을 찾는 그를 부랑자로 여긴 경비원이 황급히 그를 쫓아내려 했다. 그는 회사의 로비까지 들어가 채용해 줄 때까지 버티고 있겠다고 고집을 부렸다. 옥신각신하다 경찰에 신고 되기 직전, 그는 아타리 사의 공동 창업자이자 수석 엔지니어이며 퐁 게임 디자이너인 앨런 알콘에게 안내되어 갔다.

그와 대화해 본 앨런 알콘은 열정도 있고 짧지만 HP 사의 인턴 경력도 있고 또 기술 지식도 해박한 사실을 발견하고는, 일단 동전식 게임기 수리공으로 채용하기로 했다. 보수는 시간당 5달러로 정했다.

취직한 뒤, 곧바로 그는 회사 내에서 혐오 인물, 기피 인물 1호가 되었다. 맨발로 쏘다니며 다른 사람 일에도 시시콜콜 간섭하고 이상한 말만 툭툭 내뱉으며 다니고, 고집스러운 면과 남을 깔보는 성격을 그대로 내보이는 그를 어느 누구도 좋아하지 않았다.

하지만 잡스를 높게 평가하는 아타리 사의 창업자 놀런 부시넬은 이를 수습하기 위해 그가 사람들과 마주치지 않도록 야간 근무로 돌려 버렸다. 하지만 저녁 시간대로 쫓겨난 후에도 잡스는 기죽지 않고 오히려 활기 넘치는 하루하루를 보냈다.

훗날 놀런 부시넬은 이렇게 말했다.

"나는 잡스에게 어떤 일이든 그것을 해낼 능력이 있는 것처럼 행동하면 해낼 수 있게 된다는 사실을 가르쳤다. '완전히 장악하고 있는 것처럼 굴어라. 그러면 사람들은 그런 줄로 알 것이다' 이게 내가 그에게 강조한 말이었다."

하루는 대학 친구인 프리들랜드가 그에게 인도의 종교 순례 여행을 권유했다. 인도에서 님 카롤리 바바(Neem karoli Baba)를 만나 대화를 나눴는데 아주 좋았다고 했다.

그 말에 솔깃한 잡스는 아타리 사에 들어간 지 6개월 되던 즈음 자신의 노력으로는 한계가 있음을 알게 되었으므로 영혼 여행을 하겠다며 회사 측에 인도행을 요구했다.

신참내기 사원의 엉뚱한 요구가 좀 황당하긴 했지만, 앨런 알콘과 놀런 부시넬은 때마침 독일에서 터진 게임기 문제를 해결하면 인도행을 허락하겠다는 조건을 내걸었다. 그 즉시 독일로 날아간 잡스는 2시간 만에 게임기 문제를 뚝딱 해결하고 돌아왔다.

그리고는 대학 친구이자 훗날 애플의 동업자인 대니얼 콧키와 함께 자기가 어떤 사람인지 알기 위해, 명상도 하고 끊임없이 자아를 탐구하는 시간을 갖기 위해, 또 영적 거장들을 만나기 위해, 인도로 여행을 떠났다.

마침 리드 대학 시절 인도 출신의 친구이자 훗날 애플의 첫 직원이 된 님 카롤리 바바가 인도 카인치 아슈람(생활 공동체)에서 생활하고 있었다.

그는 월터 아이작슨과의 인터뷰에서 인도에 간 이유에 대해 이렇게 밝혔다.

"영적 스승을 만나기 위해서였습니다. 그것은 깨달음을 얻고자 하는 진지한 노력이었죠. 깨달음을 얻어 나는 누구인지 파악하고 어떻게 적응하는 게 좋을지 판단해야 한다는 생각에 계속 도취되어 있었거든요. 하지만, 인도 여행을 통해서 영적 스승을 만나지는 못했어요. 대신 내 인생에 일관되게 영향을 미친 정신적인 가치를 배울 수 있었습니다."

7개월 동안 인도 북부와 히말라야 일대를 유랑하며, 숱한 가난한 군상들을 만나 봤지만, 그가 기대했던 내면의 정신적 만족감을 얻지는 못했다. 최소한의 물질 없는 수양 따위는 별 소용없다는 결론에 도달했을 뿐이었다.

그때 그는 '세상을 바꾸는 것은 칼 마르크스 같은 사상가가 아니라 에디슨일지도 모른다'고 생각했다. 하지만, 여행 중 님 카롤리 바바를 찾아가 대화를 나눈 시간은 행복했다. 또 훗날 구글 자선 부문의 운영 책임자가 된 래리 브릴리언트라는 전염병 학자를 만나게 되는데, 이때부터 두 사람은 평생 친구 사이로 지내게 되었다. 어쨌든 인도 여행은 그가 불교에 더욱 심취하게 만드는 계기를 마련해 주었다. 여행을 마친 뒤 그는 이렇게 말했다.

"인도 사람들은 우리와 달리 지력(知力)을 사용하지 않아요. 그 대신 그들은 직관력을 사용합니다. 그리고 그들의 직관력은 세계 어느 곳의 사람들보다 수준이 높습니다. 제가 보기에 직관력에는 대단히 강력한 힘이 있으며 지력보다 더 큰 힘을 발휘합니다. 인도 여행을 통해서 나는 서구 사회에서 중시되는 이성과 논리보다 직관과 직감이 더 삶의 본질에 가깝다는 것을 깨달았습니다. 이 깨달음은 제가 일하는 방식에도 큰 영향을 미쳤습니다."

이처럼 불교에서 강조하는 직관적 통찰에 깊은 영향을 받은 그는 직관적 이해와 자각이 추상적 사고와 지적인 논리 분석보다 더 중요하다는 것을 깨닫기 시작했다.

"인도 여행에서 돌아온 후, 나는 서구 사회의 광기와 이성적 사고가 지닌 한계를 목격했습니다. 가만히 앉아서 내면을 들여다보면 우리는 마음이 불안하고 산란하다는 것을 알게 됩니다. 그것을 잠재우려고 애쓰면 애쓸수록 더욱 산란해질 뿐이죠. 하지만 시간이 흐르면 마음속 불안의 파도는 점차 잦아들고 미묘한 무언가를 감지할 수 있는 여백이 생겨납니다. 바로 이때 우리의 직관이 깨어나기 시작하고 세상을 좀더 명료하게 바라볼 수 있으며 현재보다 충실하게 됩니다. 마음에 평온이 찾아오고 현재의 순간이 한없이 확장되는 게 느껴집니다. 전보다 훨씬 더 많은 것을 보는 밝은 눈이 생겨납니다."

종교의 영향을 크게 받은 이후, 그는 금욕적인 내핍 생활, 단순성 등을 통해 깨달음의 경지에 이르고자 노력했다. 그의 친구 콧키는 이렇게 말했다.

"잡스의 종교적 탐구는 부분적으로는 친부모를 모른다는 사실에 영향을 받은 것 같다. 마음에 구멍이 뚫려 있어 그걸 메우려고 애썼던 것이다."

훗날 아이팟 등의 단순한 디자인은 불교 참선의 정신에서 비롯되었다. 나중 잡스의 결혼식 주례도 일본인 선불교 선승이 서 주었다. 회사가 잘 돌아가지 않을 때는 출가하여 승려가 되려고 심각하게 고민하기도 했다. 승려 오토가와 고분치노가 2002년 사망할 때까지, 그를 항상 정신적 스승으로 의지하고 따랐다.

"인도에서 돌아온 이후 선불교는 내 삶에 깊은 영향을 끼쳤다. 한번은 일본의 영평사에 가 볼까 하는 생각을 했다. 하지만 내 영적 스승이 그냥 이곳에 있으라고 조언했다. 여기서 구할 수 없으면 그곳에 가도 구할 수 없을 것이라고 했다. 그의 말이 옳았다. 나는 선불교의 진리를 깨우쳤다. '스승을 만나고자 세계를 돌아다니지 말라. 그대의 스승은 지금 그대 곁에 있으니.'"

애플이란 회사명, 애플 제품의 매우 단순하고도 깔끔한 디자인, 사과 농장, 선불교, 조셉 아이클러 등은 서로 매우 밀접한 관련이 있다. 잡스는 어린 시절에 보았던 부동산 개발업자인 조셉 아이클러의 심플하면서도 깨끗하고 저렴한 주택에 대한 호감과 존경으로 인해 깔끔한 디자인의 제품을 만들어 공급하고자 하는 열정이 생겨났던 것이다.

"나는 멋진 디자인과 심플한 기능을 저렴한 가격과 결합하는 걸 좋아한다."

인도 여행에서 돌아온 잡스는 히피 스타일을 벗고 깨끗한 직장인의 모습으로 아타리 사에 복직했다. 아침마다 명상을 했고, 틈나는 대로 스탠퍼드 대학으로 가서 물리학 수업을 청강했고, 밤이면 아타리 사에서 일하면서 자기 사업에 대한 꿈을 꾸는 생활을 반복했다.

빌 페르난데스(1955년생)는 잡스의 동년배였지만, 워즈니악(1950년생)은 잡스(1955년생)의 고등학교 선배였다. 잡스와 워즈니악은 5살이라는 나이 차이가 났지만, 둘은 이에 대해 전혀 신경 쓰지 않았다. 둘은 수직적인 관계를 맺지 않고 다분히 수평적인 관계인 친구 사이로 사이좋게 지냈다. 이런 수평적인 관계가 훗날 애플 창업을 이끌어냈던 것이다.

어느 날 한 기자가 나이 차이가 나는데 어떻게 서로 친구가 될 수 있었는지에 대해 묻자 잡스는 농담처럼 말했다.

"저는 나이에 비해 좀더 성숙했고, 워즈는 나이에 비해 좀 덜 성숙했죠."

짐 코리건은 두 사람에 대해 이렇게 언급했다.

"워즈니악이 오로지 컴퓨터와 전자공학에 몰두했던 데 반해, 스티브 잡스는 전자기기에 관심이 많았지만 거기에만 미쳐 있지는 않았다. 어쨌거나 워즈에게는 기술이 있었고, 스티브에게는 배짱이 있었다. 스티브는 한번 목표를 세우면 뻔뻔할 정도의 추진력으로 밀어붙였고, 무슨 일이 있어도 반드시 이루고야 마는 집념이 있었다."

1974년 가을, 워즈니악의 권고로 컴퓨터 마니아들의 비공식 자발적 모임인 '손수 컴퓨터 만들기 클럽(Homebrew Computer Clubs)'에 참여한 뒤부터 잡스는 컴퓨터에 푹 빠져들었다. 이 클럽에 나다니면서 그는 워즈니악에 대해 더 깊이 알게 되고 더 친숙한 사이가 되어갔다.

워즈니악은 취미로 컴퓨터 논리 회로 실험을 하고, 컴퓨터를 조립하고, 프로그래밍 언어와 설계를 연구하는 전자기기 전문가였다. 1970년대 초반 샌프란시스코만 지역에 있는 여러 개의 소규모 전기 회사에서 일했고, 1975년부터는 HP 사에서 기술직 견습사원으로 근무하기 시작한 워즈니악은 스스로 자기를 'Electronics Kids'라 칭했다.

워즈니악도 잡스가 그랬듯이 홈스테드 고교 시절에 존 맥컬럼 (John McCollum) 교사에게 수업 받은 적이 있었다. 워즈니악은 콜로라도 대학에 들어가 즐거운 대학 생활을 보내다가 학비가 너무 비싸 아버지와 상의 끝에 1학년까지만 다니고, 2학년부터는 집에서 가까운 드 안자(De Anza) 대학을 다녔다. 한동안 컴퓨터 센터에서 프로그래밍 실력을 키우다가, 다시 복학한 그는 프로그래밍 언어와 설계에 많은 시간을 투자했다.

대학 시절에 워즈니악은 'TV 먹통기(jammer)'를 만들어 수업 시간에 장난치거나, 프린터에서 '염병할 닉슨' 같은 글귀가 계속 찍혀 나오도록 만드는 식의 장난을 치는 등 괴짜로 지냈다. 그러다 두세 과목 낙제를 받고 그로 인해 근신 처분을 받기도 했다. 캘리포니아로 돌아온 뒤 그는 커뮤니티 칼리지에 다녔고, 그 후 버클리 캘리포니아 대학에 편입했다.

　　워즈니악은 대부분의 작업을 빌 페르난데스 차고에서 진행했다. 1971년에 이미 장거리 전화를 무료로 사용하는 데 이용되는 원격 통신 시스템을 해킹하기 위한 프리킹 장치인 '블루 박스(Blue Box)'를 개발하기도 했다. 블루 박스의 첫 실험으로 워즈니악은 당시 미국 국무부 장관이었던 헨리 키신저(Henry Kissinger)를 흉내 내어 교황청에 전화를 해서 교황과 통화를 시도했다. 때마침 교황이 잠을 자고 있었기에 통화는 이루어지지 못했다. 이렇게 강심장이었던 워즈니악이었지만 바티칸에서 이를 믿고 교황을 깨우겠다는 이야기를 듣고는 겁이 덜컥 나서 먼저 전화를 끊어 버렸다. 이렇듯 성공하지는 못했지만, 친구들은 몹시 재밌는 발상이라며 흡족해 했다. 스티브와 워즈니악은 버클리 대학에서 블루박스를 팔아 제법 큰돈을 챙기기도 했다. 훗날 잡스는 이렇게 회상했다.

　　"만약 블루 박스가 없었다면 애플도 없었을 겁니다. 워즈와 나는 그 일로 함께 일하는 방법을 배웠을 뿐만 아니라 우리가 기술적인 문제를 해결하고 또 무언가를 상품화할 수 있다는 확신까지 얻었지요."

　　워즈니악도 이런 회상을 했다.

"하루는 스티브가 회사에 있는 내게 전화를 걸어 아타리의 사장인 놀런 부시넬이 퐁 같은 게임을 만들려 한다고 했다. 내가 최소한의 칩으로 설계를 잘한다는 것을 알고 있는 놀런 부시넬이 내가 그 일을 해주었으면 한다는 이야기였다. 예전에 한번 아타리에서 일하고 있는 스티브 잡스를 찾아갔다가 그곳 엔지니어들에게 내가 만든 것을 보여준 적이 있는데 그때 매우 깊은 인상을 받은 듯했다. 그들은 즉석에서 내게 일자리를 제안했지만 나는 거절했다."

그 무렵 잡스는 아타리 사에서 게임 '브레이크아웃(Breakout)'용 회로판 만드는 일을 맡아 하고 있었다. 아타리 사의 창립자 놀런 부시넬은 직원들이 회로판의 칩 하나를 줄일 때마다 100달러씩을 보너스로 주었다. 하루는 놀런 부시넬이 칩을 50개 미만으로 줄이면, 그 줄어든 칩에 비례해 보너스를 주는 조건으로 '브레이크아웃'이라는 벽돌 깨기 게임을 설계할 것을 잡스에게 부탁했다. 하지만 그는 회로판을 최소화하는 디자인 작업에는 별로 흥미가 없었다. 잡스는 워즈니악에게 '돈 될 거리가 있다. 개발비를 받으면 반반 나눌 테니 도와 달라'고 설득했다. 잡스는 그저 워즈니악이 실적을 올려 보너스를 받으면 그 절반을 얻어 쓸 요량이었다.

잡스가 한 일이라고는 워즈니악을 위해 사탕과 콜라를 사다 주는 일뿐이었다. 워즈니악은 불과 4일 만에 회로판의 칩 수를 무려 50개나 줄여 총 45개의 칩으로 게임을 설계해 냈다. 잡스는 회사 측으로부터 실제로는 5,000달러를 받았으나, 700달러밖에 받지 못했다며 워즈니악에게 350달러를 주고, 자기도 350달러를 챙겼다고 말했다. 이에 대해 워즈니악이 한마디했다.

"스티브 잡스는 그들이 준 것이라며 내게 700달러의 반을 주었다. 나는 스티브가 말했던 것보다 좀더 많은 액수인 몇 천 달러를 받았다는 것을 나중에 알았다. 하지만 우리는 그때 철부지였다. 그는 내게 거짓말을 한 것이었고 그 점이 기분 나빴지만 난 그것을 크게 문제 삼지는 않았다. 나는 스티브 잡스와 함께 아타리에서 보냈던 시간을 후회하지 않는다. 그는 나의 가장 친한 친구였고 지금도 그와는 끈끈한 무언가가 있다. 그리고 그때 그와 함께했던 프로젝트는 너무도 멋지고 신나는 것이었다. 어쨌든 돈 문제는 그리 큰 문제가 되지 않았다. 몇 년 뒤 스티브와 내가 애플을 세우고 나서는 돈에 관한 한 서로 가장 편한 관계가 되었으니 말이다. 스티브와 나는 아주 오랫동안 친구로 지냈다. 한동안은 목표도 공유하는 사이였다. 애플을 세울 때는 죽이 너무도 잘 맞았다. 하지만 우리는 너무도 달랐다. 시작부터 다른 사람들이었다."

이후에도 워즈니악과 잡스는 컴퓨터 동호회인 '홈브루 컴퓨터 클럽'에 자주 드나들며 함께 활동했다. 당시 워즈니악은 집에서 조립한 컴퓨터를 들고 나와 사람들의 관심을 끌기도 했다.

아타리 사에서 근무하던 때의 잡스에 대해 론 웨인(Ronald Gerald Wayne, 1931년생)은 이렇게 말했다.

"잡스는 동전을 넣고 클링온만 피하면 되는 아타리 게임들이 지닌 단순성과 사용자 친화성을 높이 평가했다. 게임이 지닌 단순성이 그에게 전염되어, 그는 고도의 집중력을 갖춘 제품 전문가가 된 것이다."

아타리 사에서 퇴사하고 빈둥거리고 있던 어느 날 잡스는, 여전히 친분을 돈독히 쌓으며 친구처럼 지내고 있던 워즈니악이 만든 컴퓨터 설계도를 보게 되었다. 사업적인 수완과 마케팅 감각이 뛰어났던 그는 새로운 마이크로프로세서를 사용하여 자신만의 마이크로컴퓨터를 개발한 천부적인 전자 엔지니어였던 워즈니악의 도움이 있어야만 자신의 사업과 아이디어가 실현 가능하다고 보았다. 그래서 잡스는 워즈니악에게 회사를 차려 조립 컴퓨터 서킷보드를 만들어 팔아보자고 제안했다. HP 사라는 좋은 직장에 다니고 있던 워즈니악에게는 부담이 가는 제안이었다. 그런데도 잡스 특유의 집요하고 매력적인 설득은 계속되었다.

"계속 그렇게 살면 그냥 지시만 받는 엔지니어가 될 거야. 손해 본다고 해도 일생에 단 한 번이지 않아? 단 한 번 우리 회사를 차려보자고."

워즈니악이 그의 제안에 솔깃하자, 이번에는 워즈니악의 아버지가 기겁하며 나서서 말렸다.

"대학 중퇴에 무직인 잡스와 동업하다니!"

사실 워즈니악은 잡스와 같이 애플을 창업할 생각이 없었고 HP 사라는 안정된 직장을 그만둘 생각도 없었다. 하지만 잡스가 워즈니악의 가족들과 친구들을 모두 자신의 편으로 만들어서 설득하는 바람에 하는 수 없이 회사를 그만두고 애플에 전념할 수밖에 없었다.

워즈니악의 고성능 HP 과학계산기, 잡스의 폭스바겐 밴 자동차 등을 팔아 회사의 사업 자금 1,300달러를 마련한 두 사람은 애플이라는 PC 역사상 길이 남을 기종의 첫 번째 프로토타입(적

합성 또는 성능 등을 평가하기 위해 만든 실물 크기의 모형)을 만들었으며, 이어 1976년 4월 1일에 잡스 부모의 집 창고에서 론 웨인과 함께 셋이서 애플 사를 창업했다.

아타리 사의 엔지니어였던 론 웨인은 슬롯머신을 제조하는 회사를 운영했던 적이 있었다. 이들 세 사람은 마운틴뷰에 있는 웨인 집에서 1974년 1월 4일에 사업 계약서를 작성했다. 잡스는 자신과 워즈니악 사이에서 의견 충돌이 있을 때 중재자가 되어 주는 웨인에게 회사 지분의 10%를 주고, 잡스와 워즈니악은 각각 45%씩 나눠 가지기로 했다. 계약서에는 사업상 경비 지출액이 100달러 이상일 경우 사업 파트너 두 사람 이상의 동의를 얻어야 한다고 적혀 있었다.

"각자 책무: 워즈니악은 전기 공학 업무 총괄 책임, 잡스는 전기 공학 및 마케팅 총괄 책임, 웨인은 기계 공학 및 서류 관리 책무 총괄 책임."

웨인은 변호사는 아니었지만 법률 용어에 해박했고, 애플 사를 세우는 초기에 큰 역할을 했다. 그는 초기에 회사의 운영 매뉴얼을 작성하고 기본 골격을 잡아 주었다. 그런데, 웨인은 애플 사의 미래를 부정적으로 보고 얼마 후에 중도 하차해 버렸다. 웨인은 창립할 때 800달러를 투자하면서 회사 지분의 10%를 배당받았으나, 12일 만에 2,300달러를 받고 회사 지분을 넘겨 버렸다. 이때 그가 넘겨 버린 지분은 나중에 천문학적 숫자로 껑충 뛰었다. 만약 그가 자기 지분을 포기하지 않았더라면 2010년 말 무렵 그의 지분 가치는 약 26억 달러가 되었을 것이다.

잡스는 마음이 복잡해질 때면 오리건 주의 사과 농장을 찾곤 했다. 어느 날 농장을 다녀오더니, 그가 들뜬 목소리로 워즈니악에게 말했다.

"워즈(Woz)! 좋은 이름이 떠올랐어. 애플 어때? 애플 컴퓨터! 자연 친화적이고, 딱딱한 기계에 생명을 불어넣은 것 같은 이름 같잖나? 오늘 저녁 다섯 시까지 이름이 정해지지 않으면 그냥 애플로 하는 거다?"

훗날 잡스가 죽은 뒤 공동 창업자인 워즈니악은 이렇게 말했다.

"스티브 잡스가 오리건 주의 선불교 수행을 하던 장소였던 사과 농장을 연상하여 애플(Apple)이라고 지었다."

창업의 장소인 창고는 원래부터 비어있는 공간이 아니라 아버지가 부업으로 자동차를 수리해서 판매하는 작업실 겸 차고였다. 그런데도 아들이 부탁하자 아버지는 그 공간뿐만 아니라 부엌까지 선뜻 내주었고, 잡스와 워즈니악이 서로 논쟁을 벌일 때는 끼어들어 중재 역할을 담당했으며, 때로는 컴퓨터를 시험하는 장치를 직접 만들어 주기도 했다.

잡스와 워즈니악이 작업에 몰두하느라 차고와 집안이 온갖 쓰레기들로 넘치면, 어머니는 묵묵히 청소를 해주었다. 수술을 받은 지 얼마 되지 않아 불편한 몸인데도, 어머니는 스스로 비서가 되어 각종 전화들을 받아 주었고 손님들이 찾아오면 상냥한 얼굴로 차를 대접해 줬다.

어느덧 창고에는 마이크로컴퓨터 메인보드 제작을 위한 생산 시설이 갖춰졌다. 조립품 판매는 장래성이 있어 보였다. 컴퓨터

매장을 운영하던 폴 테럴에게 접근해서 최초로 컴퓨터를 주문받았다. 부품값이 없을 때는 파격적인 외상 거래로 부품을 공급받았다. 사업 자금이 부족하자, 아타리 사의 놀런 부쉬넬을 찾아가 투자해 달라고 했으나 거절당하자, 잡스는 이번에는 벤처 투자자인 돈 밸런타인을 찾아갔다. 미치광이 취급을 받았지만, 그는 돈 밸런타인을 지겹게 쫓아다녔다. 그 덕분에 마이크 마쿨라라는 백만장자를 소개받게 되었다.

마쿨라는 페어차일드와 인텔에서 일했는데, 인텔이 주식 시장에 상장되면서 행사한 스톡옵션으로 부자가 된 사람이었다. 마쿨라는 미래에는 모든 가정과 학교에 컴퓨터가 놓이게 될 것이라고 열심히 설득하는 잡스의 열정에 넘어가 애플 사에 투자하기로 결심했다. 애플 사의 최초 투자자로 나선 마쿨라는 회사 지분 1/3을 받는 대신 현금 9만1천 달러와 은행 신용 보증금 25만 달러를 지원해 주기로 했다. 애플 주식이 상장되었을 때는 마쿨라, 잡스, 워즈니악이 각각 26%씩 갖기로 합의했다.
이때부터 마쿨라는 잡스에게 마케팅과 세일즈를 가르치기 시작했다. 이때를 떠올리며 잡스는 이렇게 말했다.

"마쿨라는 내게 보호막 같은 존재였어요. 나와 가치관도 굉장히 비슷했고요. 그는 절대로 돈을 벌겠다는 목표로 회사를 차려서는 안 된다고 여러 번 강조했지요. 자신의 신념을 쏟아 부을 수 있는 무언가를 만드는 것, 오래도록 생명력을 지닐 회사를 만드는 것을 목표로 삼아야 한다고 했습니다."

1977년 1월 3일, 고교 시절 이미 수많은 컴퓨터를 디자인한 바 있는 워즈니악의 천재적인 컴퓨터 디자이닝 능력과 잡스의 사업가적 기질이 합쳐져 역사적인 개인용 컴퓨터의 세상을 여는 애플 컴퓨터 주식회사가 공식 출범했다. 워즈니악은 컴퓨터를 설계해서 조립했고, 잡스는 경영과 관리를 맡았다.

애플 마케팅 철학은 세 가지였다. 첫째 공감, 둘째 집중, 셋째 인상이었다. 공감은 '고객 감정을 이해하고 연결하자', 집중은 '목표 완수를 위해 중요치 않은 일은 보류하자', 인상은 '제품 상자를 열 때 처음 촉감으로 느껴지는 것을 좋게 하자'였다.

1977년 여름, 크리스앤 브레넌은 로스앤젤레스 선불교 센터에 천막 치고 생활하면서, 이따금 잡스와 데이트를 즐겼다. 둘은 고교 시절부터 사귀어온 사이여서 맘이 통하는 날이면 부부처럼 잠자리도 함께했고, 빈 마음으로 종교 토론도 하며 허물없이 지냈다.

"저는 스티브 잡스와 가끔 잠자리를 함께했죠. 임신하기 전 그와 저는 5년 동안 만남과 헤어짐을 반복했죠."

1978년 24세 때 잡스는 크리스앤 브레넌이 아이를 임신했다는 사실을 알게 되었다. 아직 아버지가 될 준비가 안 돼 있던 그는 자신은 아버지가 되기 싫다며 낙태 수술을 하라고 강요했다. 자기 뜻대로 되지 않자, 심지어 그 아이가 자신의 아이가 아니라며 억지로 인연을 끊으려 했다. 양육비조차 주지 않았다. 그래서 사실상 아이는 버려진 상태였다. 그 이유는 브레넌이 그동안 잡스의 친구인 그레그 칼훈과 사귀고 있었기 때문이다.

1976년 3월부터 브레넌과 칼훈은 같이 히치하이킹(Hitchhiking)을 하며 지냈다. 한동안 둘은 인도에서 영어 교사로 활동했고, 각자 히치하이킹으로 이동해 아프가니스탄에서 만나 함께 시간을 보내기도 했다. 잡스의 시각에서 볼 때, 브레넌의 임신은 의심적은 부분이 많았다. 이에 대해 브레넌은 단호히 말했다.

"잡스가 아기 아버지라는 데 한 치 의심도 없었다. 당시 칼훈이나 다른 어떤 남자와도 나는 관계를 갖지 않았기 때문이다."

1978년 5월 17일 브레넌은 예쁜 딸을 낳았다. 사흘 후 잡스는 그곳으로 가 아기 이름 짓는 것을 도와주었다. 잡스와 브레넌은 아기에게 '리사 니콜 브레넌'이라는 이름을 지어 주었다. 그러나 아기의 성에 '잡스'를 넣지 않았다. 미혼모인 생모가 잡스를 낳던 나이가 24세였는데, 공교롭게도 미혼모인 브레넌이 딸을 낳은 나이도 24세였다. 생부모를 모른 채 어린 시절을 보내야 했던 그가 이번에는 자신의 아이를 미혼모의 자식으로 만드는 상황까지 몰고 갔던 것이다. 훗날 그는 이에 대해 변명을 늘어놓았다.

"그땐 우리 나이와 제 친부모가 저를 가질 당시의 나이가 서로 같다는 사실을 몰랐습니다. 그래서 크리스앤과 임신 문제를 얘기하는 데 그 사실이 영향을 미치지는 않았어요."

딸이 태어난 지 1년 후에야 잡스는 마지못해 친자 확인 검사에 동의했다. 검사 결과는 친딸일 가능성이 94.41%였다. 그런데도 그는 이를 인정하려 하지 않았다.

이를 지켜보고 있던 칼훈이 어느 날 못마땅한 듯 한마디했다.

"잡스는 크리스앤이나 그녀의 임신 사실에 대해 진지하게 고민하지 않았어요. 그는 어느 순간 상대방에게 완전히 몰두하다가도, 또 어느새 차갑게 등을 돌릴 수 있는 사람이었어요. 오싹할 만큼 냉정한 면이 있는 친구였지요."

재판에서 패소한 뒤에야 잡스는 겨우 아기가 친딸이라는 사실을 받아들였다. 캘리포니아 법원은 그에게 매달 양육비 385달러를 지급하라고 명령했다. 동시에 브레넌에게 이미 지급한 보조금 5,856달러를 주정부에 상환할 것을 명령했다. 잡스에게는 자녀 방문권이 주어졌다. 하지만, 그는 이 권리를 오랫동안 행사치 않았을 뿐만 아니라, 한동안 양육비조차 보내지 않다가 얼마 후에야 맘을 바꿔 먹었다.

"저는 딸이 18세 될 때까지 양육비를 지원하기로, 또 크리스앤에게도 생활비를 지불하기로 했습니다."

바로 이 딸이 리사 브레넌 잡스인데, 잡스는 일단 딸을 받아들인 후에는 많이 달라졌다. 나중에 자신이 만든 컴퓨터 신제품명을 '리사'로 할 만큼 딸을 몹시 사랑하고 아껴 주었다.

잡스의 모순된 성격과 인색함은 어려운 시기에 힘이 되어 주었던 친구들에게서 외면 받는 요인이었다. 하지만 그는 자신의 태도와 생각을 좀처럼 바꾸지 않았고 이상적인 목적을 실현하기 위해 더욱 집중했다.

1976년 노동절을 앞둔 주말에 제1회 개인용 컴퓨터 축제가 열렸다. 그때 회로기판만 있는 세계 최초의 개인용 컴퓨터 '애플I'을 만들어 발표했다. 애플 신형 컴퓨터 첫 기사는 '인터페이스'

1976년 7월호에 게재되었다.

애플I은 나무 케이스에 모니터조차 없는 투박한 플라스틱 기판과 실리콘 칩의 덩어리였고, 디자인도 투박했다. 애플I은 나오자마자 주목을 받았으나, 150대밖에 판매되지 않을 정도로 판매 실적은 좋지 못했다.

이때 잡스는 교훈을 얻었다. 전문가들을 상대로 컴퓨터를 팔아봐야 이를 구입할 사람들은 소수에 불과하다는 것을 절실히 깨달았다. 잡스는 일반인들도 쉽게 접근할 수 있는 컴퓨터를 만들어야겠다고 생각했다.

보통사람들도 친숙하게 다가갈 수 있는 그 무엇인가를 찾기 위해 그는 일부러 사람들이 북적거리는 백화점을 찾아갔다. 가전제품인 키친아트 믹서기를 보면서 문득 그는 사람들에게 친숙한 플라스틱을 이용한 디자인을 구상했다. 가벼운 플라스틱으로 제작된 미끈한 애플II 케이스를 만들기로 방향을 잡은 그는 홈브루 컴퓨터 클럽 모임에서 지역 컨설턴트인 제리 매녹에게 부탁했다.

"1,500달러를 줄 테니 그런 디자인을 해 달라."

잡스의 외모가 미덥지 않았던지 매녹은 돈을 선불로 달라고 했다. 그러자 잡스는 말했다.

"그럴 수는 없다."

결국 설복당한 매녹은 그 일을 맡기로 했다.

그리하여 워즈니악의 천재적 공학 기술과 잡스의 미적 감각과 매녹의 가볍고 미끈한 케이스가 결합된 애플II가 1977년에 태어났다. 애플II는 투박한 기존 컴퓨터에 비해 크기는 절반으로 줄었고 소음 문제도 획기적으로 줄여 놓았다. 애플II는 내장된 키보드와 컬러 모니터를 갖춘 새로운 컴퓨터 플랫폼이었다. 애플II는 확장 슬롯으로 기능을 향상시킬 수 있었고 획기적인 운영 체계를 적용하여 컴퓨터에 대한 지식이 없는 사람들도 불편 없이 사용할 수 있도록 만든 개인용 컴퓨터였다.

이는 가전제품처럼 플라스틱 케이스를 채택함으로써 가정의 책상과 침실에 친숙한 제품이 되었다. 이때부터 컴퓨터 업계에서 플라스틱 케이스는 표준이 되어 버렸다.

애플II에 적용된 '백설 공주' 디자인은 흰색 케이스, 간결하고 둥근 모서리, 그리고 통풍과 장식을 위한 얇은 홈 등이 특징이었다. 성능은 좀 떨어졌지만, 게임을 개발하기에는 매우 편리한 애플II였다.

잡스는 하르트무트 에슬링거가 캘리포니아로 거처를 옮기는 조건으로 계약을 제안했다. 에슬링거의 프로그 디자인 회사는 애플과 120만 달러 상당의 연간 계약을 맺고 1983년 중반 팔로 알토에 문을 열었다. 에슬링거는 애플의 '스노 화이트' 디자인 체계를 비롯하여 비즈니스와 디자인이 만난 실용적인 예술을 하나의 문화와 장르로 만들었고 전 세계적으로 디자인 혁명을 일으켰다.

제품 소개 팸플릿은 레지스 매케나의 회사가 맡았다. 론 웨인이 만들었던 고풍스러운 회사 로고를 버리고, 새 로고 디자인을 사용하기로 했다. 디자인 아트 디렉터 랍 자노프(Rob Janoff, 1952년생)에게 잡스는 이렇게 요청했다.

"너무 유치하게 만들지 말아 달라."

이 요청에 따라 자노프는 단순한 사과 모양의 두 가지 시안을 만들었다. 하나는 온전한 사과 그림이었고 다른 하나는 한 입 베어 먹은 사과 그림이었는데, 잡스는 두 번째 시안을 택했다. 이 사과의 제일 위쪽은 초록색, 제일 아래쪽은 파란색으로 모두 여섯 색깔 줄무늬가 들어가 있어 산뜻했다. 팸플릿 상단에는 레오나르도 다빈치의 문구를 넣었다.

"단순함이란 궁극의 정교함이다."

이는 이후 잡스의 디자인 철학의 핵심 뼈대로 굳건히 자리잡아 갔다.

애플II는 1970년, 1980년대 게임 매출이 컴퓨터 매출을 좌지우지하던 시대에 발맞춰 인기를 끌었다. 하지만 영세한 업체로서는 사업 여건이 불리했다. 그런데도 잡스는 이런 환경에 굴하지 않고 자신이 믿는 비전을 열정적으로 설득해 나갔다.

그는 집안에 가구 하나 들여놓지 않고 살았다. 심지어 침대, 의자, 소파도 없이 지냈다. 침실에는 매트리스 하나, 아인슈타인 액자 사진 하나, 마하라즈 지 액자 사진 하나, 그리고 컴퓨터 애플II 한 대뿐이었다.

한번은 회사 내에서 직원들의 이름표 번호를 매기게 되었다. 워즈니악이 1번, 스티브 잡스는 2번으로 배정되자, 잡스가 이의를 제기하며, 1번을 달라고 고집을 부렸다. 이때를 마이크 스콧이 회상하며 이렇게 말했다.

"그렇게 해줄 순 없었습니다. 훨씬 더 기고만장해졌을 테니까요."

불끈 화를 내면서 눈물까지 보이던 잡스가 궁색한 해결책을 하나 내놓았다.

"그럼 0번을 달라."

"잠시 그럴까도 생각했지만, 급여 통장 개설 은행인 뱅크 오브 아메리카에서 입금 대장 명부의 숫자를 양의 정수로만 기재하도록 요구했기 때문에 잡스의 번호는 결국 2번으로 남아야 했다."

또 한번은 제품의 보증 기간 때문에 의견이 나눠졌다. 잡스는 고객을 대우하는 방식에서 애플이 타사와 달라야 한다며 애플II의 제품 보증 기간을 1년으로 하자고 고집했고, 스콧은 전자 제품의 일반적인 보증 기간이 90일이므로 그렇게 하자고 주장했다. 이때 잡스는 언쟁 중에 눈물까지 보이며 자기주장을 계속 고집했다. 스콧은 잡스와 함께 주차장을 걸으면서 겨우 마음을 진정시켰고 결국 양보하여 잡스가 원하는 대로 해주었다.

마침내 그들이 만든 퍼스널 컴퓨터는 시장에서 개인용 컴퓨터로 널리 대중화되면서, 큰 반응을 보였다. 애플II의 판매는 1977년에는 2,500대, 1981년에는 21만 대, 1982년에는 27만 9,000대, 1983년에는 42만 대, 1980년 중반에는 100만 대로 늘어나, 16년간 다양한 모델의 출시에 힘입어 600만 대 가까이 판매되었다.

이러한 성공에 힘입어 애플 사는 1980년 12월에 주식을 공개했다. 이때 회사의 기업 가치는 무려 10억 달러가 넘었다. 마쿨라와 워즈니악과 잡스 셋이 애플을 출범시킬 때의 기업 가치는 고작 9,309달러에 불과했으나, 1980년 12월 말의 기업 가치는 무려 17억 90,000만 달러나 되었다. 이후 애플은 20억 매출에 4,000명의 직원을 거느리는 회사로 급성장했다. 그 덕분에 투자자들은 벼락부자가 됐다. 무려 백만장자를 300명이나 탄생시킨 것이다.

잡스와 워즈니악도 짧은 기간에 억만장자가 되어 미국 최고 재벌 대열에 합류하게 되었다. 1980년 12월 12일, 잡스의 총 재산은 2억5,600만 달러가 되었다. 행복한 잡스는 맨 먼저 양부모인 폴 잡스와 클라라 잡스에게 약 75만 달러어치의 주식을 선물해 주었다. 폴과 클라라는 그 주식 일부를 팔아 로스앨터스 집의 대출금을 갚고는 이후 여행을 즐기며 살아갔다.

"부모님은 이후 더 크고 좋은 집을 장만하지는 않았어요. 두 분은 그런 데는 관심이 없었어요. 당시의 삶에 충분히 만족스러워하셨거든요. 두 분의 유일한 사치는 1년에 한 번씩 휴가로 프린세스 크루즈 여행을 떠나는 일이었지요."

'잡스 룩'은 어떻게 탄생했을까? 잡스 룩에 얽힌 일화는 이러했다. 1980년 초 일본을 방문한 잡스는 소니 유니폼을 보고 깊은 인상을 받았다. 잡스는 모리타 아키오 전 소니 회장이 "전후에 다들 입을 옷이 없다 보니 소니 같은 회사가 근로자들에게 입을 것을 줘야 했고 그게 전통으로 굳어졌다. 유니폼은 시간이 흐르며 그 회사만의 특징적인 스타일로 발전해 근로자와 회사 사이에 유대감을 형성하는 역할을 해주었다"는 말에 깊은 감명을 받았다.

일본에서 돌아온 잡스는 애플에도 그와 같은 유대감이 필요하다고 여겨 유니폼을 도입하기로 마음먹고, 소니 유니폼을 제작한 디자이너 이세이 미야케에게 애플 유니폼 제작을 의뢰했다. 그러나 자유분방한 애플 직원들은 유니폼 제작에 다들 반대했다. 잡스는 끝내 자기 뜻을 관철시키지 못했다. 그래서 '혼자라도 유니폼을 입겠다'고 결심했다. 결국, 미야케는 잡스만을 위한 유니폼으로 검은 터틀넥 100벌을 디자인했다. 잡스의 전기집을 쓴 아이작슨은 이렇게 적었다.

"생전에 잡스와 인터뷰 하던 중 실제로 그의 옷장에 걸린 100벌의 옷을 확인했다."

여동생 모나 심슨도 어느 날 이렇게 말했다.

"오빠는 좋은 셔츠가 있으면, 10벌이건 100벌이건 주문한다. 팔로알토의 집에만 하더라도 장례식 때 교회에 모인 사람 모두 입을 수 있는 분량의 검정색 터틀넥이 있었다."

1980년 마이크 마쿨라는 애플 사의 임시 사장직이 결코 반갑지 않았다. 그는 새로 장만한 집 구조의 디자인, 전용기로 비행 즐기기, 스톡옵션을 행사해 넉넉한 삶을 누리기 등에 만족하고 사는 사람이었다. 회사 내에서 갈등을 조정하거나 까다로운 직원들 사이를 중재하는 역할을 맡는 것이 취향에 맞지 않았다. 마이크 스콧이 사임한 이후 마지못해 임시 사장직을 맡은 것이었지만, 언제든 그만둘 생각을 하고 있었다. 그의 아내 생각도 그와 같았다.

1981년 봄, 잡스는 채용 기준에 무엇보다도 '제품에 대한 강렬한 열정'을 넣어 신입사원을 뽑고자 했다. 그리고 경영진 대부분의 생각이 그랬던 것처럼, 마쿨라에게 임시 사장직을 맡기되 적극적으로 경영 일선에 나서지는 못하게 했다.

워즈니악은 3.5인치 플로피 디스크, 애플 운영 체제의 다양한 요소들 및 운영 체제의 응용 프로그램들을 연구하고 있던 1981년 어느 날 소형 비행기를 타다가 사고를 당했다. 사고 후 외상에 의한 기억상실증 상태가 되어 새로운 장기 기억들을 떠올릴 수 없었기 때문에 그는 회사를 일시적으로 떠나야 했다. 그는 장기 휴가를 내고 곧바로 로키 클라크라는 가명으로 버클리 캘리포니아 대학으로 돌아가 컴퓨터 공학과 전자공학 학위를 따는 데 필요한 과정을 밟았다. 그는 다시 학교를 그만두었지만, 1987년에 대학 당국은 그의 공로를 인정해 전자공학 분야의 과학 학사 학위를 수여했다.

하루는 워즈니악이 잡스의 스타일에 불만이 쌓여 있던 중 퉁퉁부은 목소리로 한마디했다.

"잡스는 사람들을 너무 무례하게 대해요. 난 우리 회사가 가족적인 분위기가 되길 바랍니다. 모두가 즐겁게 일하고 서로의 가치를 인정해 주는 공간 말입니다."

한동안 워즈니악은 자신을 경영에 참여시키려는 여러 제안을 계속 거절하다가 1982년에 애플 사로 복귀했다. 하지만 다시 1985년 워즈니악은 자신의 분신과 다름없는 애플 컴퓨터가 매킨토시에 밀리자 회사를 떠나 홈비디오 개발 회사를 세웠다.

이후 워즈니악은 수십 년 동안 자선 활동에 참여했다. 주로 어린이 교육에 참여하여 사춘기 이전의 아동들에게 컴퓨터 실력을 향상시키는 과정을 가르치는 자원봉사를 했다. 그러면서 다양한 벤처 사업에 자금을 지원해 주며 컴퓨터 세계와의 인연을 이어갔다. 때로는 다른 여러 회사의 고문이나 이사회 일원으로 활동했다.

2009년에는 고체 상태의 고용량 저장 매체를 생산하는 미국 회사 퓨전아이오에서 선임 과학자로 일하다가, 그곳의 정식 직원이 되기로 결정했고, 이후 그 회사의 이사회 일원으로 일하고 있다. 2006년에 워즈니악은 자신의 자서전 〈스티브 워즈니악 아이워즈 : 컴퓨터 괴짜에서 컬트 아이콘으로〉를 펴냈다.

1981년 〈아이엔스〉지 10월호에는 잡스에 대해 '비지니스를 영원히 바꿔 놓은 인물'이라고 소개했다. 1982년 잡스는 〈타임〉지에 자신이 '올해의 인물'로 선정될 것으로 믿었다. 하지만, 〈타임〉지 2월호는 잡스 대신에 '애플 컴퓨터'를 '올해의 기계'로 선정했다. 그리고 잡스가 '사실상 혼자의 힘으로 PC 업계를 창조했다'고 덧붙였다.

1982년 28세 때 그는 포크송 가수 존 바에즈와 사귀었다. 바에즈는 잡스보다 13살 연상이었다. 당시 그녀는 15살짜리 아들을 키우고 있었다. 이후 둘은 3년 정도 연인처럼 사귀다가, 친구 사이로 돌아갔다.

마쿨라가 임시 사장직에 앉은 지 2년이 되어 가던 1982년 말, 그의 아내는 다그쳤다.

"당장 새로운 적임자를 찾아보세요."

마쿨라가 보기에 잡스는 회사를 이끌기에는 아직 너무 거칠며 미숙하게 여겨졌고, 잡스 스스로도 아직 사장직을 맡을 준비가 되어 있지 않다고 생각했기 때문에, 전문 경영인의 영입 쪽을 선택해야 했다. 게다가 IBM PC의 공세에 놀란 애플에게는 전문적으로 사업 확장을 맡아 할 경험 있는 유능한 경영자가 절실히 필요해졌다. 그때 떠오른 인물이 펩시콜라 부사장 존 스컬리였다.

1983년 잡스는 존 스컬리를 만나 스카우트 제의를 했다.
"우리는 사람들이 컴퓨터를 사용하는 방식에 변화를 일으킬 계획입니다. 우리는 인간과 컴퓨터 상호 작용 방식을 혁신할 겁니다. 저는 애플이 이제 애플 제너레이션을 창조할 기회를 손에 쥐고 있다고 생각합니다."
높은 연봉과 입사 보너스와 퇴직금을 제시할 때만 해도 스컬리는 대기업의 부사장 자리가 아까워 망설였다. 그러자, 잡스는 대뜸 이렇게 말했다.

"남은 일생 동안 설탕물이나 팔면서 여생을 보낼 겁니까? 아니면 저와 함께 세상을 바꿀 기회를 붙잡고 싶습니까?(Do you want to sell sugar water for the rest of your life, or do you want to come with me and change the world?)"

그리고 이렇게 못 박았다.
"당신은 애플을 이끌 최상의 적임자입니다."
스컬리는 이때를 이렇게 회상했다.
"애플에서 사장직을 제의해 올 때, 연봉 100만 달러에 입사 보너스 100만 달러, 고용 계약이 예기치 않게 조기 종결되는 경우 퇴직금 100만 달러를 원한다고 내가 말했죠."
하지만 마쿨라가 적극 나서서 스컬리를 설득했다.
"연봉 50만 달러와 보너스 50만 달러."
스컬리가 이를 수락하자, 마쿨라는 일상의 취미를 즐기는 생활로 돌아갔고, 애플은 전문 경영인의 지휘하에 운영되었고, 잡스는 제품 개발에 더욱 박차를 가할 수 있게 되었다.

스컬리는 1983년 5월에 열린 애플의 경영진 수련회에 첫 모습을 드러냈다.

개인용 컴퓨터를 대중화하는 데 성공한 잡스는 GUI와 마우스의 가능성을 처음으로 내다보고 새로운 PC 개발에 착수했다. 그는 이번에는 워즈니악의 도움 없이 자신의 이름을 건 제품을 하나 만들고 싶었다. 애플II는 워즈니악의 놀라운 회로 기판과 관련된 운영 소프트웨어를 개발한 공로, 잡스의 스위치식 전원 장치와 근사한 케이스까지 갖춘 사용자 친화적인 패키지로 변신시킨 공로가 서로 어우러진 작품이었는데도, 사람들은 애플II가 워즈니악의 창조물로만 여겼다. 나중에 레지나 매케나는 이렇게 말했다.

"워즈니악은 놀라운 기계를 설계했지만, 스티브 잡스가 없었다면 아마 그 물건은 지금도 컴퓨터 애호가들이 드나드는 상점에만 남아 있었을 것이다."

잡스는 자신만의 것이라 부를 수 있는 창조물을 만들기로 방향을 잡았다. 그래서 사장과 이사회를 무시하고 독단적으로 팀을 만들어 자신이 직접 개발했다. 첫 컴퓨터가 리사(Lisa; 딸 이름)였다.

몇 년간의 개발 끝에 드디어 1983년 1월에 잡스는 IBM에 대항하여 그래픽사용자 인터페이스를 탑재한 애플 리사를 세상에 내놓았다. 하지만 리사는 하드웨어와 소프트웨어의 가격이 너무 비싸 9,995달러나 나갔고, 소프트웨어 또한 부족한 수준이었다. 애플 리사는 출시된 지 2년도 채 안되어, 생산이 중단되고 말았다.

그래서 이번에는 매킨토시(macintosh)를 개발하기로 방향을 잡았다. 그는 그래픽 유저 인터페이스를 채용하면서 합리적인 가격의 컴퓨터를 만들겠다고 단단히 결심했다.

"우리는 리사보다 저렴하면서도 성능이 뛰어난 컴퓨터를 만들 수 있어. 우리가 먼저 해내야 해."

당시 애플에는 서로 다른 제품 팀 간의 경쟁이 치열했다. 잡스는 맥(Mac, 매킨토시) 팀을 이끌 강력한 권한을 손에 쥐었다. 하지만, 매킨토시 프로젝트는 회사 내에서 엄청난 반대에 직면했다. 그래서 매킨토시 개발 과정은 순탄치 않았다. 잡스는 스컬리나 회사와의 불화에 시달리는 시간이 점점 많아지자 힘겨워했다. 마쿨라는 이때를 이렇게 회고했다.

"스컬리는 회사 내 문제를 조정할 때 직원들의 비위를 맞추려고 애를 쓰는 사람이었고, 잡스는 그렇지 않았다. 쉽게 말해서, 스컬리는 정중하고 예의바른 타입이었고, 잡스는 그 반대였다."

이때의 잡스에 대해 컴퓨터 디자이너 빌 앳킨슨(Bill Atkinson, 1951년생)은 이렇게 말했다.

"잡스의 세계관은 이분법(二分法)으로 분류할 수 있다. '깨달은 사람'과 '멍청한 놈', '최고'와 '쓰레기', '신들린 놈'과 '골빈 놈', 이런 양극화된 시각을 그는 가지고 있었다."

개발팀의 소프트웨어 엔지니어는 앤디 허츠펠드(Andy Hertzfeld, 1953년생)였는데, 잡스는 단짝 친구인 허츠펠드와 무수한 내면의 얘기를 주고받았다. 그런 중에도 그의 리더십만큼은 누구나 인정하지 않을 수 없을 정도로 빛을 발했다. 사람들은 그에 대해 이렇게 평했다.

"잡스가 변덕스럽고 신경질적이긴 하나, 카리스마와 영향력은 있다. 우주에 흔적을 남길 수 있는 제품을 만들도록 이끌 리더십이 그에게는 있다."

잡스는 부품 제조사를 찾아가 가격을 낮추기 위한 협상을 직접 벌였다. 모토로라의 CPU를 9달러에 공급받았는데 이는 당초 모토로라가 제시한 금액의 4분의 1밖에 안되었다. 덕분에 매킨토시는 리사보다 훨씬 저렴한 가격인 2,500달러에 판매할 수 있게 되었다. 또한 그는 소프트웨어 부족을 해결하기 위해서 마이크로소프트나 로터스 같은 업체를 직접 찾아가서 매킨토시용으로 소프트웨어를 발매하도록 했다.

하루는 잡스가 매킨토시 운영 체제를 개발하고 있던 엔지니어 래리 케니언의 작업 공간으로 찾아가 부팅 시간이 느린 점을 지적했다. 케니언이 변명을 하려고 하자 그는 말을 끊고 한마디했다.

"만약 이걸로 한 사람의 목숨을 살릴 수 있다면 부팅 시간을 10초 줄일 방법을 찾아볼 의향이 있는가?"

"그럴 것 같습니다."

그러자 잡스는 화이트보드 앞에 서더니 이렇게 말했다.

"만약 매킨토시 사용자 500만 명이 컴퓨터를 부팅하는 데 매일 10초를 덜 사용한다면 그들이 절약할 수 있는 시간이 연간 3억 시간에 달하네. 이건 100명의 일생에 해당되는 시간이야."

이때를 회고하며 빌 앳킨슨은 이렇게 말했다.
"케니언은 그때 상당히 깊은 인상을 받았고, 몇 주 후에 보니 부팅 시간을 28초나 앞당겨 놓았다. 스티브는 큰 그림을 보며 동기를 부여하는 능력이 있었다."

고생 끝에 드디어 매킨토시가 시장에 출시되었다. 매킨토시가 출시되는 날, 파퓰러 사이언스의 한 기자가 물었다.
"어떤 방식으로 시장 조사를 했습니까?"
그러자, 잡스가 퉁명스럽게 코웃음 치며 대꾸했다.

"알렉산더 그레이엄 벨이 시장 조사 같은 걸 하고 전화를 발명했습니까?"

애플 사는 매킨토시를 대중화시키기 위해 전력투구했다. 매킨토시 출시 때 광고에 이런 멘트를 내보냈다.
"우리의 1984년이 오웰의 1984년과 왜 다른지 여러분은 곧 알게 될 겁니다."
매킨토시에 대한 시장의 반응은 찬반양론으로 펼쳐졌다. 매킨토시는 손이 세 개 필요한 컴퓨터라면서 마우스를 채택한 매킨토시를 비난하는 기사도 나왔다. 그런데도 매킨토시는 컴퓨터의 패러다임을 바꾸어 놓았다. 합리적인 가격과 소프트웨어 덕분에 리사의 실패를 극복하고 매킨토시는 컴퓨터를 재발명했다는 극찬을 듣게 되었다. 그럼에도 불구하고, 매킨토시마저 응용 소프트웨어의 부족한 점이 많아 또다시 실패했다. 초기 반응과는 달리 1984년 후반기의 판매가 상당히 부진했다.

1984년 말 매킨토시 매출은 월 1만 대 미만이었다. 기업 시장을 겨냥해 봤지만 소용없었다. 전자 출판 혁명을 일으킨 레이저라이터 역시 회사 안에서 엄청난 반발에 직면했다. 애플의 이사회와 임원들은 물론이고 직원들까지 레이저 라이터에 불만을 표시했다.

이 무렵 잡스가 발굴한 업체 중에 하나가 바로 차고에서 시작된 어도비가 있는데, 그는 어도비의 기술을 높이 사서 250만 달러를 투자했다.

1985년 1월 19일 그는 워즈니악과 함께 백악관에 초빙되어 레이건 대통령이 수여하는 국가 기술 훈장을 받았다. 같은 해 2월에는 샌프란시스코 호텔 대연회장에서 손님 1,000명을 초대해 놓고 파티를 열었다. 이는 힌두교 경전의 다음 문구에 기초한 파티였다.

"인생 첫 30년 동안은 당신이 버릇을 형성하고, 인생의 나머지 30년 동안은 버릇이 당신을 형성한다."

1985년 31세 때 그는 〈플레이보이〉지와의 인터뷰 때 이렇게 말했다.

"창의적인 방식으로 예술가의 삶을 살고 싶다면 자주 뒤돌아보지 마십시오. 그동안 무엇을 해왔든, 어떤 사람이었든 모조리 다 버릴 각오가 돼 있어야 해요."

1985년 봄, 전문 경영인 존 스컬리을 영입한 이후 애플의 운영진들 사이에서 수시로 의견 충돌이 일어났다. 매킨토시 가격 설정과 판매, 그리고 매킨토시의 IBM 호환성 여부에 대해 합의하지 못한 점이 잡스와 스컬리 두 사람 사이를 더욱 갈라놓았다. 작은 균열들이 의견 불일치와 충돌로 이어졌다. 그러자 이사회가 발 벗고 나섰다. 둘은 이사회에 출두해서 상대방을 끌어내리기 위한 로비를 벌였다.

이사회는 잡스를 현실성 없는 망상가이자 회사를 도탄에 빠뜨린 인사로 지목하고는 전문 경영인의 손을 들어 주었다. 그 결과 1985년 5월 31일 잡스는 애플의 경영 일선에서 물러나야 했다. BBC와의 인터뷰에서 스컬리는 이렇게 말했다.

"1985년 출시한 매킨토시 오피스(Macintosh Office)가 실패하자, 잡스는 공황 상태에 빠졌다. 그는 우울해 했으며, 매킨토시의 가격을 내리기를 원한 잡스와 공개 기업이기에 애플II에 집중하기를 원한 나와 갈등이 있었다."

잡스는 황당했다. 망연자실한 채 몇 달간 방황의 시간을 보내야 했다. 실리콘밸리에서 되도록 멀리 도망치고 싶은 생각도 들었다. 하지만 그는 다시 시작했다. 일에 대한 열정을 버릴 수는 없었다. 이때를 그는 이렇게 회고했다.

"그땐 몰랐지만 애플에서 해고된 것은 지금껏 내게 일어난 일

중에서 최고의 일이었습니다. 그로 인해 성공이라는 무거움은 다시 시작한다는 가벼움으로 대체됐습니다. 물론 모든 것에 대해 확신도 적었죠. 그것은 나를 내 인생 최고의 창조적인 시기로 밀어 넣었습니다."

이어 그는 이렇게 조언했다.

"그건 정말 쓰디쓴 약이었지만 환자였던 내게는 정말 필요한 약이었던 것입니다. 때로 인생은 당신의 뒤통수를 벽돌로 때립니다. 그때 믿음을 잃지 마세요. 사랑하는 것을 찾으세요. 연인을 찾을 때 진실하듯 일도 마찬가지입니다."

"진정으로 만족하는 유일한 길은 당신이 위대한 일이라고 믿는 일을 하는 것이고, 위대한 일을 하는 유일한 길은 당신이 사랑하는 일을 하는 것이다. 사랑하는 사람을 찾듯이 사랑하는 일을 찾으세요."

잡스는 자신을 따라 나온 애플의 개발자 5명과 함께 넥스트(NeXT) 사라는 컴퓨터 개발 회사를 차렸다. 5명 중에는 1980년대 애플 매킨토시의 아이콘, 글꼴 등 많은 그래픽 유저 인터페이스를 만들어 낸 그래픽 디자이너인 수잔 케어(Susan Kare, 1965년생)도 끼어 있었다.

탁월한 미적 감각을 살려 잡스는 회사를 순백색으로 아름답게 꾸몄다. 하지만 주차장에 늘어선 넥스트 사의 배송 트럭의 색상이 도무지 마음에 들지 않았다. 경영진은 걱정했다. 잡스의 주장에 따라 트럭 도색과 디자인에 수만 달러나 소모되는 걸 원치 않았기 때문이다. 모두들 잡스를 말렸으나, 그는 물러서지 않았다. 특유의 강짜까지 부렸다. 출근을 거부한 채 자택에 칩거하며 단식 투쟁까지 했다. 경영진은 그렇지 않아도 불안한 영업 실적에 또 하나의 쓸모없는 지출을 기록해야 했다.

하루는 '넥스트'에 독특한 색깔을 덧입히기 위해서 그는 세계적인 수준의 로고를 만들기로 맘먹고, 기업 로고 디자인 분야의 최고봉인 폴 랜드를 찾아가 산책하면서 부탁했다.

브루클린 출신의 그래픽 디자이너인 랜드는 에스콰이어, IBM, 웨스팅하우스, ABC, UPS 등 유명한 대기업의 로고들을 디자인한 인물이었다.

"여러 개 중에서 고를 수 있도록 다양한 시안을 만들어 주십시오."

잡스의 이 말에 랜드는 정색을 하며 말했다.

"난 고객을 위해 여러 가지 시안을 만들지는 않소. 난 디자인을 하는 사람이고, 당신은 비용을 지불하는 사람입니다. 내 디자인을 쓰든 안 쓰든 비용은 지불해야 합니다."

랜드의 이런 사고방식이 맘에 든 잡스가 곧바로 제안을 내놓았다.

"군소리 않고 무조건 10만 달러를 지불할 테니 죽이는 로고 하나만 디자인해 주십시오."

얼마 후, 랜드는 'e'자에 짙은 노란색을 칠한 디자인을 내놓자, 잡스가 이렇게 말했다.

"좀더 밝고 평범한 노란색으로 바꿀 수는 없을까요?"

그러자, 랜드는 주먹으로 쾅 하고 테이블을 치며 소리쳤다.

"나는 이 바닥에 50년이나 있었소. 뭘 알고나 얘기하시오."

1986년 1월 32세 때 그는 하드웨어 분야에 대한 혁신을 고민하다가 조지 루카스 필름으로부터 애니메이션(animation) 팀을 인수하고 싶어했다. 그는 원래 이 애니메이션 팀이 그래픽 작업을 위해 만들고 있던 컴퓨터에 더 관심을 보였다.

이혼 문제 때문에 자금이 급히 필요했던 조지 루카스(영화 〈스타워즈〉 감독)는 컴퓨터 그래픽 회사를 잡스에게 헐값에 매각했다. 처음에 루카스는 3천만 달러를 제시했으나, 잡스는 탁월한 협상력으로 500만 달러까지 깎았다.

회사 인수 후, 차세대 운영 체제를 갖춘 그래픽 전용 컴퓨터를 개발하여 의료업계에 판매하려고 시도했으나 뚜렷한 실적을 올리지 못했다. 그는 이 회사 이름을 픽사(Pixar)로 바꾸고 새 전기를 마련하고자 했다.

잡스는 애플에서 물러난 지 1년 뒤인 1986년에야 자신을 입양시킨 생모를 찾아냈다. 그는 자신의 출생증명서에 적힌 샌프란시스코의 어느 의사 이름에 주목하고, 전화번호부를 뒤져 그 의사에게 전화를 걸었다. 하지만 그 의사는 화재로 인해 예전 환자들의 기록이 소실되었다고 거짓말을 했다. 의사는 전화를 끊자마자 편지 한 장을 써서 봉투에 담아 밀봉했다. 그리고 봉투 겉면에 이렇게 적었다.

"나의 사망 후 스티브 잡스에게 전달할 것."

얼마 후 의사가 죽자, 그의 미망인이 잡스에게 그 봉투를 보냈다. 그 봉투 안에는 '잡스의 어머니가 위스콘신 출신의 미혼 대학원생이었다. 이름은 조앤 시블이다'는 내용이 적힌 편지가 들어 있었다.

평소에 잡스는 자신이 진짜 부모로 여기는 폴 잡스와 클라라 잡스에게 생모를 찾고 있다는 사실을 알리길 꺼려했다. 양부모에 대한 깊은 애정 때문에, 그들에게 상처 주고 싶지 않았다.

1986년 양어머니 클라라 잡스가 폐암으로 세상을 떠났다. 그때서야 그는 비로소 생모에게 연락을 취했다. 클라라가 남긴 편지 속에서 그는 생모뿐만 아니라 생부에 대한 정보도 알게 되었다.

어느 날 잡스는 여동생 모나 심슨을 처음 만났다.

당시 소설가 지망생으로 잡지사에서 일하던 모나 심슨은 전화 한 통을 받았다. 그때의 상황을 심슨은 이렇게 말했다.

"당시 난 첫 소설을 쓰기 위해 노력하면서 뉴욕에 살고 있었다. 한 작은 잡지사에 일자리를 얻어 벽장만 한 크기의 사무실에서 다른 작가 지망생 셋과 같이 일하던 때였다. 그러던 중 어느 날, 한 변호사가 내게 전화를 걸었다. 그 변호사 말에 따르면, 자기 고객 중에 부자이고 유명한 분이 한 분 계시는데, 그 분이 나의 잃어버린 오빠라고 했다. 그때 나와 직원들은 열광했다. 당시 우리들은 최신 문학 잡지사에서 일하고 있었고, 디킨스 소설에나 나오던 음모에 빠져버린 기분이었다. 하지만 그 변호사가 오빠의 이름을 알려주지 않았기 때문에 우리들은 그가 누구일지 추측 놀이를 시작했다. 제일 그럴 듯한 후보는 존 트라볼타(John

Travolta)였다. 다만 나는 마음속으로 헨리 제임스(Henry James)의 문학적인 후손이면 좋겠다고 생각했었다. 별 노력 없이도 뛰어나게, 나보다 재능 있는 사람으로 말이다."

첫 만남 때, 심슨은 오빠의 첫인상에 대해 이렇게 말했다.

"오빠는 청바지를 입은, 아랍계 혹은 유태계처럼 보였고, 오마 샤리프보다 훨씬 잘생겼더라."

극적으로 만난 남매는 오랫동안 산책을 했다. 우연히도 둘 다 산책을 좋아했다.

잡스가 입을 열었다.

"난 컴퓨터 일을 하고 있어."

"난 작업을 올리베티(Olivetti) 수동 타자기로 하고 있어요. 오빠, 최근 크로멤코(Cromemco)라 불리는 컴퓨터를 한 대 구입해볼까 생각 중이에요."

그러자, 잡스는 기세 좋게 이렇게 말했다.

"야, 동생아, 아직 새 걸 사지 않아 정말 잘했어. 내가 지금 미칠 정도로(insanely) 아름다운 컴퓨터를 만들고 있는 중이거든."

두 사람은 감격적인 첫 만남 이후, 줄곧 돈독한 남매지간의 우정을 쌓아갔다.

이렇듯 잡스는 생모와 여동생과는 연락해서 만났지만, 고급 레스토랑을 운영하고 있는 생부 잔달리와의 상봉은 끝내 거절했다.

1989년 10월 35세 때 그는 스탠퍼드 대학 MBA 학생들로부터 강의 초청을 받게 되었다. 강의 주제는 넥스트와 자신이 생각하는 기술의 미래에 관해서였다.

이 강연에서 그의 영원한 반려자를 만나게 되었다. 당시 스탠퍼드 대학 강연장은 잡스를 보기 위해 몰려든 학생들로 인산인해를 이루었다. 그들 중에는 대학원 1학년인 로렌 파월이라는 여대생이 끼어 있었다. 로렌은 이 강연을 기획한 학생들 중 하나였다.

뉴저지 출신인 로렌 파월은 펜실베이니아 대학 와튼 스쿨 경제학과를 졸업하고, 1980년대 골드만삭스와 메릴린치 등 월가에서 일했다. 이후 스탠퍼드 대학 경영 대학원에서 경영학 석사(MBA) 과정을 공부하던 중 스티브 잡스를 만나게 되었다.

잡스는 강연 중에 로렌을 처음 보게 되었다. 첫눈에 반해 버린 그는 로렌에게 접근해서 연락처를 알아냈다. 그리고는 강의가 끝나자 앞서 잡힌 약속을 위해 차를 타고 떠나려다가 문득 생각에 잠겼다.

'만약 오늘이 지상에서 지내는 마지막 밤이라면, 회의나 하면서 그 밤을 지낼 것인가, 아니면 이 여자와 함께 보낼 것인가?'

이즈음 그에게는 여자친구 티나 레지와 헤어진 후유증이 조금 남아 있었다. 지금까지 그와 사귐을 가졌던 여인들은 티나 레지 외에도 크리스앤 브레넌, 존 바에즈, 제니퍼 이건 등이 있었다.

제니퍼 이건은 펜실베니아 대학 시절 밥 아이거(디즈니의 새 CEO)의 아내 윌로 베이와 룸메이트였다. 서로 연관성이 있다는 연유로 잡스는 밥 아이거도 무척 좋아했다.

그날 잡스는 고민 끝에 기존 약속을 취소하고 로렌에게 달려갔다. 그는 주차장을 가로질러 그녀에게로 다가가 저녁 식사를 함께하자며 용기를 내어 데이트 신청을 했다.

로렌은 잡스보다 아홉 살이나 어렸지만 둘 사이엔 공통점이 많았다. 둘 다 채식주의자였고, 생활 방식도 비슷했다. 저녁 식사를 하며 서로에게 끌린 두 사람은 이내 사랑에 빠졌다.

잡스는 로렌을 만나 첫 데이트를 하던 날 여동생 모나 심슨에게 전화를 걸었다.

"여자친구가 생겼는데, 정말 아름다워. 아주 똑똑한 여자야. 그녀랑 결혼할 거야."

이 순간을 떠올리며 모나 심슨은 이렇게 말했다.

"오빠가 사랑에 관해 이야기할 때를 보면 마치 소년 같았다. 사랑은 그의 최고 덕목이었다. 오빠가 생전에 가장 높이 여기던 가치는 미(美)와 사랑이었다. 사랑은 오빠가 생각하는 최고의 가치였으며, 신들 중의 신이었다. 오빠는 자기랑 같이 일하는 사람들의 로맨스도 알아보고 걱정하곤 했다."

잡스는 나중에 이렇게 말했다.

"내 인생에서 진심으로 사랑한 여자는 딱 두 명뿐이다. 티나와 로렌. 존 바에즈는 그냥 사랑한 것뿐이다."

잡스와 로렌의 로맨스가 시작된 지 얼마 되지 않아, 로렌이 임신했다. 로렌은 결혼하고 싶어했지만, 잡스는 그녀의 임신을 받아들이지 않았다. 결혼 거절을 받자, 이에 충격 받은 로렌은 화가 나서 잡스 곁을 떠나 버렸다.

그녀가 떠난 날부터 잡스는 도무지 마음이 편치 않았고 감정적으로 너무나 불안했다. 얼마 동안 짓눌리는 정신적인 충격과 함께 속 타는 시간들을 견뎌야 했다. 하지만 잡스는 20대의 철부지가 아니었다. 책임을 알고 질 만한 나이였다. 오랜 번민 끝에 그는 진정한 사랑의 의미를 깨닫고 로렌을 찾아가 진심어린 프러포즈를 했다.

37세 때인 1991년 3월 18일 요세미티 국립공원에 있는 아와니 호텔에서 선불교 선승의 주례로 로렌과 결혼식을 올렸다. 결혼식에는 양아버지 폴 잡스, 여동생 모나 심슨, 모나 심슨의 약혼자 리처드 어펠(변호사, 나중에 텔레비전 코미디 작가)을 비롯한 약 50여 명이 참석했다.

잡스는 결혼한 이후 완전히 다른 사람이 되었다. 자신의 양아버지가 그랬듯이 그는 가족을 끔찍이 생각하고 아끼는 사람이 되었다. 한때 외면했던 딸 리사를 데려왔고 또 자식들의 교육을 위해 좋은 환경이 조성된 집으로 이사했다.
리사는 펠러엘토 고등학교에 다니는 4년 동안 아버지 잡스와 함께 지냈고, 나중에 하버드 대학을 졸업한 후 저널리스트가 되었다. 잡스는 리사 명의로 70만 달러짜리 집을 구해 주었으나, 어머니 크리스앤 브레넌은 딸을 설득하고 구슬려 집 명의를 자기 앞으로 한 뒤 그 집을 팔아먹어 버렸다.

잡스의 슬하에는 리사 브레넌 잡스(1978년생) 외에 아들 리드 폴 잡스(Reed, 1991년생)와 둘째 딸 에린 시에나 잡스(1995년생), 막내딸 이브 잡스(1998년생)가 있다. 하루는 그가 이렇게 회고했다.
"결혼이 자신에게 좋은 영향을 주었고 로렌과 결혼한 것은 행운이었다. 결혼을 한 이후 세상을 보는 눈이 달라졌다."
안정적인 가정을 가진 스티브 잡스는 단순히 인간적인 측면이 아니라 기업가로서도 훨씬 부드러운 사람이 되었다. 독불장군처럼 고집스럽고 날카로웠던 이미지를 벗고 그는 다른 사람의 의견에 귀 기울이기 시작했으며 팀웍, 팀 스포츠를 외치는 자애로운 후원자가 되었다.

그의 이웃은 이렇게 언급했다.

"그는 아이들을 위한 기괴한 핼러윈 복장도 마다않는 아저씨였다. 그는 자기 자식들의 수업에 참관하는가 하면 아들과 수영장 파티에도 나타나는 가정적인 남자로 변했다."

하루는 잡스가 이렇게 말했다.

"세상에서 가장 중요한 것은 가족이다. 내 아버지처럼 좋은 아빠가 되기 위해 노력하고 있다. 결혼하기 전까지 내 자신이 이런 감정을 가지게 될 것이라고 생각해 본 적이 없었다."

여동생 모나 심슨은 잡스의 가정적이며 애정 깊고 부드러운 성품에 대해 이렇게 말했다.

"오빠는 젊은 시절에 성공을 거뒀고, 그 성공 때문에 자기가 고립됐다고 느꼈다. 내가 알기로 그때 오빠가 내린 결정 대부분은 자신을 둘러싼 벽 없애기였다. 로스알토스 출신의 중산층 소년으로서 오빠는 뉴저지 중산층 출신의 소녀와 사랑에 빠졌고, 리사와 리드, 에린, 이브를 평범하고 튼튼한 아이들로 기르는 것이 둘에게는 제일 중요한 일이었다. 오빠의 집은 예술 작품이나 광택으로 겁을 주는 집이 아니었다."

"리드가 태어났을 때 오빠의 수다는 그칠 줄을 몰랐다. 오빠는 아이들의 아버지였다. 리사의 남자친구 문제를 고민하고, 에린의 여행을 걱정했으며, 이브의 승마가 안전한지 우려하는 그런 평범한 아버지였다. 아들 리드의 졸업식에 참여했다면 누구도 잊지 못할 장면이 있다. 오빠와 리드가 같이 느리게 춤췄던 장면이다."

"아내 로렌에 대한 변치 않은 사랑이 그를 지탱시켜줬다. 오빠는 사랑이 언제나 어디에서나 이뤄진다면서, 사랑이라는 제일 중요한 것에 대해 오빠는 절대로 비꼬거나 회의적이지 않았고 매사 긍정적이었다. 이게 지금도 오빠로부터 배워야 할 점들이다."

"오빠와 로렌이 같이 살았을 때 저녁 식사는 보통 잔디밭에서, 가끔은 딱 채소 한 가지만 갖고 먹을 때가 많았다. 딱 한 가지의 채소, 물론 양은 많았지만, 제철에 나온 브로콜리뿐이었다. 간단히 준비한 음식이었으며, 싱싱한 허브와 곁들인 식사이기도 했다."

"오빠는 아이들과 신체 접촉을 많이 하면서 애정 표현을 하는 아버지였다. 오빠는 여느 아빠들처럼 딸 에린의 짧은 치마 길이를 걱정했다. 오빠는 부성애도 강해서 마지막까지 자신이 세 딸의 손을 잡고 결혼식장에 걸어 들어가는 장면을 꿈꿨고, 애처가라서 아내와 약속한 세계 여행에 타고 갈 요트의 제작 상황을 그 바쁜 중에서도 시간을 내어 점검하곤 했다."

"젊은 백만장자임에도 불구하고 오빠는 언제나 공항으로 날 맞이하러 나와 줬다. 청바지를 입고서 말이다. 또 업무 중인 오빠에게 가족 중 누군가가 전화했던 일도 기억난다. 아이들이 전화하면 비서인 리네타가, '아버지는 지금 회의 중이서. 그래도 알려드릴까?'라고 했었다. 그리고 핼러윈(Halloween) 때마다 아들 리드가 마녀 복장을 고집하면, 오빠와 올케, 에린과 이브는 모두 위칸(wiccan; 마법 숭배자)으로 변장하곤 했었다."

"오빠는 팔로알토의 자전거 가게에 가서 제일 좋은 자전거도 자기가 살 수 있다는 사실을 깨달았을 때가 얼마나 좋았는지 말해준 적이 있었다. 정말로 좋아했었다. 그리고 오빠는 그 자전거를 샀다."

인텔의 CEO였던 앤디 그로브는 2009년 〈포춘〉지와의 인터뷰에서 이렇게 말했다.

"스티브 잡스는 애플을 창업한 스티브 잡스 1.0과 애플에 돌아와서 애플을 부활시킨 스티브 잡스 2.0을 구분해야 한다."

이에 대응하는 또 다른 견해가 나와 눈길을 끌었다.

"스티브 잡스를 말할 때는 리사를 외면했던 총각 시절의 스티브 잡스 1.0과 로렌과 결혼한 이후의 스티브 잡스 2.0을 구분해야 한다."

1988년에 최초의 넥스트 컴퓨터가 나왔는데, 제품 이름을 넥스트큐브(NeXTcube)라고 붙여 놓았다. 넥스트큐브는 검정 디자인에 정육면체 형상을 하고 있었고, CD 드라이버를 장착하고 있었다.

잡스는 이 넥스트큐브에 작동될 차세대 운영 체제이자 지금은 전설이 되어버린 넥스트스텝을 완성했다. 완벽한 객체 지향으로 설계된 넥스트스텝 운영 체제는, 프로그래머들이 객체를 이용할 때 쉽게 프로그램을 만들 수 있도록 해주었고, 사용자들은 일관된 인터페이스 덕분에 쉽게 새로운 프로그램들을 사용할 수 있게 했다.

넥스트스텝의 혁신적인 아이디어는 현재 윈도와 맥 OS로 이어지고 있다. 그러나 탁월한 기술력에도 불구하고 넥스트스텝은 호환성 및 범용성 결여로 인해 판매 부진의 늪을 걸어야 했다.

넥스트큐브를 선보이고 난 뒤, 잡스는 악몽의 나날을 보냈다. 가정은 화목하고 행복했지만 그의 사업은 점점 벼랑 끝으로 내몰리고 있었다. 스컬리와 애플에 위대한 복수를 하기는커녕, 회사의 존립 자체를 신경써야 할 지경에 이르렀다. 언론들의 찬사와 전문가 집단의 환영에도 불구하고 넥스트큐브는 팔리지 않았다.

넥스트에서 나온 컴퓨터는 새로웠지만 가격이 비쌌다. 연구소나 학술 기관에 판매하는 것도 생각처럼 되지 않았다. 훨씬 더 좋은 기능을 갖춘 썬마이크로시스템즈 같은 회사들이 싼 가격으로 팔았기 때문이다.

공장에서는 1만 대 생산을 준비하고 있는 상태였으나, 1989년 중반 실제 판매량은 400대 수준에 머물렀다. 넥스트는 파산 직전의 상태로 몰렸다.

미국의 거부 로스 페로(2,000만 달러 투자)와 일본 캐논(Canon) 사를 통해 투자를 받으며 겨우 버텨 나가고 있었고, 회생의 기회를 잡지 못했다. 그나마 1991년 로스 페로는 '넥스트 투자는 내가 저지른 가장 큰 실수 중 하나'라고 말하며 자금 지원마저 중단해 버렸다.

초기 1억 달러에 추가로 1억 달러를 더 투자했던 캐논 역시 넥스트와의 관계를 끊어 버렸다. 하지만 그는 회사를 떠날 수 없었다. 실패를 인정해야 한다는 것이 부끄러웠고, 다시는 재기를 하지 못할 것이라는 두려움이 컸다.

조지 부시 대통령 시절, 잡스를 대통령 직속 수출 위원회 위원으로 임명하는 것을 검토하는 과정에서 1991년 FBI가 실시한 잡스의 신상 조사 기록은 191쪽 분량이었다. 이 보고서는 잡스를 상대로 실시한 인터뷰와 그의 직장 동료와 이웃 등 지인 30여 명의 증언을 토대로 작성됐다.

이 보고서에 따르면, 대부분의 사람들은 잡스를 호의적으로 평가했지만, 일부는 진실한 사람이 아니라며 상반된 평가를 내렸다.

"잡스는 의지가 강하고 완고한 인물이며 일 중심적이다. 그런 점이 잡스의 성공 이유다."

"잡스가 똑똑하고 무한한 에너지를 가졌으며 첨단 사업에도 익숙해 수출 위원회 자리를 맡는 것은 문제가 없을 것이다."

반면 부정적 평가는 이러했다.

"잡스는 자신의 목적을 성취하기 위해서라면 진실을 곡해하고 사실을 왜곡할 인물이다."

"도덕성에 대해서는 의문시 되는 사람이다."

"잡스는 기만적인 인물이다."

"원대한 비전을 가졌지만 자기애와 천박함이 그의 인간관계를 망치고 있다."

한편 픽사의 존 라세터가 감독한 '토이스토리(Toy story)'의 원

형이 되는 '틴토이(Tin Toy)'는 아카데미상 단편 애니메이션상을 수상하며 세간의 관심을 받았지만 회사 매출에는 그다지 기여하지 못했다. 이때까지 잡스는 픽사를 인수한 것에 대해 후회하고 있었다.

1992년 넥스트 컴퓨터 판매는 겨우 2만 대에 그쳤다. 설상가상으로 창립 멤버들과 운영 팀의 멤버들이 사직해 버렸다. 하는 수 없이 넥스트 본사에서 회의가 열렸다.

잡스는 그나마 몇 안되는 중역들을 쭈욱 둘러보며 비통한 목소리로 이렇게 말했다.

"모두 떠나도 좋소. 물론 난 떠나지 않겠소."

1993년 39세 때 잡스는 컴퓨터 생산을 중단하고 소프트웨어에 전념하기로 했다. 그리고 엄청난 돈을 쏟아 부은 최첨단 자동화 설비를 포함해 넥스트의 하드웨어 부문 전체를 캐논에 매각했다. 넥스트큐브 판매는 5만 대에 못 미쳤다. 그래서 그는 직원 수를 반으로 줄일 수밖에 없었다.

이즈음 넥스트 사는 아무런 성과도 내지 못한 채 잡스 개인의 재산을 조금씩 갉아먹고 있었다.

잡스가 인수한 후 픽사는 5년 내리 적자를 기록했다. 잡스는 5,000만 달러를 픽사에 쏟아 부었지만 해마다 막대한 손실만 입었다. 잡스는 개인적으로 보증을 선 빚까지 떠안고 있었다. 전망도 불투명했다. 픽사의 적자가 자꾸만 쌓여가자 잡스는 진저리를 치며 픽사를 팔아 치울 생각을 하게 되었다. 바로 자신이 만든 애플과 경쟁을 벌인 마이크로소프트가 협상 대상자였다.

하지만 잡스는 픽사를 팔려는 생각을 막판에 접었다. 잡스가 마음을 바꾼 것은, 그 안에 있는 성공 본능이 "이건 진짜 엄청나게 크게 될 거야"라고 말했던 것이다. 진저리치면서도 픽사가 블루칩이란 것을 감지하고 있었다.

이제 잡스는 언론의 먹잇감이 됐다. 잡스를 무서운 아이로 추켜세웠던 언론은 그를 철없는 어린애 같은 사람으로 깎아내렸고, 해적 선장의 몰락을 시원해하며 끊임없이 그의 추락을 비웃는 기사를 썼다.

잡스는 계속되는 실패로 더이상 억만장자도 아니었다. 그는 자신과 가족이 살아갈 수 있는 집과 최소한의 재산을 지킬 수 있을지를 고민해야만 했다.

1995년 스티브 잡스는 파산 직전까지 내몰리면서도 픽사에 대한 지원만큼은 포기하지 않았다. 적자를 모면하려면 1억 달러 이상을 벌어야 했다. 10년간 6천만 달러를 픽사에 투자했다.

하드웨어 사업을 포기하고 장편 애니메이션 영화를 만들면서부터 다소 회생의 기미가 보이기 시작했다.

1995년 픽사는 스티브 잡스와 픽사의 사운을 걸고 극장용 애니메이션을 내놓았다. 최초의 장편 3D 애니메이션 〈인크레더블〉과 아카데미상을 받은 〈토이 스토리〉가 그것이다.

1995년 12월 30일에 개봉한 애니메이션 〈토이 스토리〉의 수익은 미국에서만 2억4,600만 달러, 세계적으로 4억8,500만 달러에 달했다. 픽사는 존 라세터가 제작한 〈토이 스토리〉의 대대적인 성공에 맞추어 개봉된 지 1주일 만에 주식 시장에 상장되면서 거의 빈털터리로 내몰렸던 잡스에게 12억 달러(주식 보유 80%의 가치)를 안겨 주었다.

이때 그는 이렇게 말했다.

"내게 금전적 부는 별로 중요하지 않다. 호화 요트 같은 걸 꿈꾸지도 않는다. 돈 때문에 이 일에 끼어든 게 아니다."

한편 잡스가 떠난 뒤, IBM과 마이크로소프트의 협공에 밀려 실적 부진에 빠져 있었던 애플은 어려운 국면을 타개하기 위해 스티브 잡스의 넥스트 사 인수를 추진했다. 이때 애플의 제품 개발 관리자인 장-루이 가세(Jean-Louis Gassee, 1944년생)는 한동안 휴렛패커드 사에서 일하다가 애플로 옮긴 뒤, 프랑스 지사에서 높은 이윤을 기록하며 탁월한 관리 능력을 인정받았다.

가세는 존 스컬리 체제 아래 매킨토시도 관리하였으며 잡스를 퇴출시키고 또 복귀를 저지하는 역할을 담당했다. 이후 가세는 넥스트의 창의력을 인정하면서 잡스와 화해했다. 현금 3억7,750만 달러와 애플 주식 150만 주를 스티브 잡스에게 주는 게 인수 조건이었다. 드디어 넥스트 사는 애플 사에 인수되었다.

1996년 12월 20일, 이 사실이 직원 250명 앞에서 발표되었다. 그와 동시에 잡스는 특별 고문 자격으로 애플 사로 돌아왔다.

이때 그는 애비 테비니언(Avadis Tevanian II, 1961년생)을 데리고 왔다. 테비니언은 카네기 멜론 대학에서 컴퓨터 공학 박사 학위를 받고 넥스트에서 일하다가 애플 사로 자리를 옮겨 컴퓨터 운영 체제 개발의 중책으로 활약했으며 매킨토시 OS X의 초기 설계를 담당했다.

잡스는 자신의 복귀 이유를 이렇게 말했다.

"내가 이렇게 마음먹은 유일한 이유는 애플이 죽지 않아야 세상이 더 살기 좋은 곳이 되기 때문이다."

애플을 떠난 지 12년 만인 1997년 기울어져 가는 회사를 살리기 위해 임시 CEO로 복귀한 그는 월급 1달러를 선언했다.

"부자 되기를 바라고 애플에 돌아온 것처럼 보이고 싶지 않습니다. 나 자신을 위해서가 아니라 회사를 위해서 일하는 사람이고 싶습니다."

최고 경영자가 1달러마저 받지 않을 경우에 노동법상 고용 관계가 유지될 수 없기에 최소한으로 정해 놓은 액수였던 것이다. 또한 회사로부터 봉급을 받으면 의료 보험 혜택도 받을 수 있다는 것도 한몫 했다. 그러나 그는 연봉 1달러 외에도 스톡옵션이나 여러 가지 성과급 형태로 보상을 받았다. 실제로 그는 1997년부터 2006년까지 매년 약 830만 달러의 연봉을 받았다.

애플 사의 최고 경영자로 복귀한 그는 1997년에 천재적인 디자이너 조너단 아이브를 영입해 제품 디자인을 완전히 바꿨다.

"디자인은 인간이 만든 창작물의 근간을 이루는 영혼이다. 단순함이 궁극의 정교함이다. 우리의 목표는 단순히 돈을 버는 게 아니라 훌륭한 제품을 만드는 것이다."

잡스는 애플에 복귀한 이후에도 집에 안전 요원이나 상주 관

리인을 두지 않고 지냈다. 심지어 낮에는 뒷문을 열어 놓기까지
했다. 하루는 저녁에 누가 창문에 돌을 던졌다. 어떤 날은 알 수
없는 내용의 편지를 놓고 갔고, 또 다른 날은 붉은 폭죽을 집안
에 던지기도 했다. 체포되어 기소 유예된 자는 버렐 스미스였다.
그는 매킨토시의 소프트웨어 엔지니어였고, 앤디 허츠펠드의 단
짝 친구이기도 했는데, 1985년 2월 애플을 떠난 뒤 조울중과 정
신 분열증에 시달리다 병세가 심해지자 알몸으로 거리를 배회하
다가 일을 저질렀던 것이다.

이때를 회고하며 잡스가 한마디했다.

"버렐은 굉장히 재미있고 순수한 친구였는데, 4월 어느 날부
터 정신이 이상해진 거예요. 너무도 이상하고 슬픈 일이었지요."

1997년 8월 그는 보스턴 맥월드에서 빌 게이츠와의 화성 통화
연결 후 자신과 청중들을 압도하는 게이츠의 이미지를 띄워준
게 실수였음을 깨닫고서 이렇게 말했다.

"그건 내 최악의 무대 연출이었어요. 나를 작아 보이게 했고,
애플을 작아 보이게 했고, 마치 모든 게 빌의 손안에 있는 것처
럼 보이게 했으니까요."

인터넷이 세상을 변화시킬 것을 예감하는 잡스는 인터넷의 첫
글자 i를 딴 아이맥(IMac)을 차기 컴퓨터로 개발했다. 아이맥은
가정 소비자 시장을 노린 데스크톱 컴퓨터였다. 잡스는 플로피
디스크가 과거 유물이라고 생각해서 이를 채택하지 않았다. 그
대신 CD롬 드라이브를 장착한 컴퓨터를 개발했다.

그는 1MB 용량의 플로피 디스크 대신 인터넷으로 파일을 전

송하면 된다고 생각했다. 이런 생각은 적중했다. 플로피 디스크도 없고, SCSI를 비롯한 모든 확장 장치도 없이 USB라는 해괴한 인터페이스를 제시한 아이맥에 대해서 일부는 열광했지만, 상당수는 자료를 어떻게 옮길 것이며 확장을 전혀 불가능하게 만든 점과 USB 포트만을 확장하게 만든 점에 대해 비아냥거렸다.

당시 아이맥에 달린 33.6k 모뎀으로 1.4MB의 플로피 디스크 용량을 전송하는 것은 꽤나 부담스러웠기 때문에 호응도 그다지 높지 않았다. 그 때문에, 시장에 아이맥이 나오자 집중포화를 맞았다. 하지만 보석처럼 아름다운 디자인으로 유명한, 잡스의 첫 복귀작 아이맥은 1998년 8월 1,299달러 가격으로 출시된 지 6주 만에 27만8,000대, 1998년 12월까지 80만 대가 팔리는 대히트작이 됐다. 이로써 아이맥은 그때까지의 애플 역사상 가장 빠르게 판매된 컴퓨터로 기록되었다.

〈포브스〉지는 '업계를 바꾸어 놓을 성공작'이라고 평했다. 이처럼 아이맥이 큰 성공을 거두자, 플로피 디스크는 역사 속으로 영영 사라져 버렸다. 그때까지 10억 달러의 적자를 내고 있던 애플 사는 아이맥 덕택에 1998년 한 해 4억 달러에 가까운 흑자를 거머쥐었다. 덩달아 애플 사의 자본은 20억 달러에서 160억 달러로 껑충 뛰었다.

픽사 또한 연이은 흥행 성공으로 애니메이션 역사상 가장 성공한 영화사로 기록되었다. 〈벅스 라이프〉는 1998년 12월 12일 개봉되어 미국에서만 1억6,300만 달러, 세계적으로 3억6,300만 달러, 2003년에 개봉하여 역대 최고 히트작이 된 〈니모를 찾아서

(Finding Nemo)〉는 미국에서만 3억 4,000만 달러, 세계적으로 8억 6,800만 달러의 흥행 수익을 각각 기록했다.

"좋은 회사는 제품과 서비스에 가치를 귀속해야 한다"
는 마쿨라의 격언에 따라, 애플 사는 모든 제품의 포장에서부터 마케팅과 서비스까지 신경을 썼다. 그리고, 애플 스토어를 통하여 재미있고 쉽고 창의적이며 최첨단의 긍정적인 부분만 취한 제품이라는 홍보가 잘되도록 최선을 다했다.

2001년 5월 19일 버지니아 주 대형 쇼핑몰에 애플 스토어(애플이 운영하는 소매점) 타이슨스 코너를 오픈한 지 3년 만에 연매출 12억 달러를, 2010년에는 98억 달러를 기록했다. 수익 면에서 타사를 압도하는 애플 사의 자랑이었다. 하지만 애플 스토어마저도 처음에는 전망이 비관적이었다. 〈비즈니스 위크〉지는 애플 스토어가 왜 실패할지를 기사화했고 소매점 컨설턴트인 데이비드 골드슈타인은 애플이 2년 안에 값비싼 대가를 치르게 될 것이라고 예측하기도 했다.

한층 여유로워진 잡스는 1년에 한 차례씩 가장 소중한 직원 100명을 뽑아 휴양지로 데려갔다. 새 회사로 떠날 때 구명보트에 꼭 태우고자 하는 멤버를 가려내는 것이 선정 기준이었다.
"이것은 애플 회사를 이류 인간들로 가득 채우지 않으려는 최선의 선택이다."
그는 '자기 팀원은 A급 팀원이 되어야지 B급 팀원이 되려면 그만두라'고 했다. '해적이 돼라'면서 상금도 걸고 특별한 존재라는 의식을 갖도록 끊임없이 자극하기도 했다.

"혁신은 연구 개발비 규모와 무관하다. 혁신은 당신과 함께하는 사람들로부터 얼마나 많은 것을 이끌어낼 수 있는지와 관계가 있다."(1998년 〈포춘〉지)

"내가 할 일은 직원들을 편하게 해주는 것이 아니고, 그들이 더 발전하도록 만들어주는 일입니다(My job is not to be easy on people, My job is to make them better)."

"'하지 말아야 할 일'을 판단하는 것은 '해야 할 일'을 판단하는 것 못지않게 중요하다. 이것은 회사 차원에서도, 제품 차원에서도 중요하다."

그는 극단적인 자기애적 성격을 지니고 있었다. 하루는 엘리베이터에서 만난 직원에게 급작스러운 질문을 던진 뒤 대답을 못하면 마음이 상할 정도로 무안을 주거나 그 자리에서 당장 해고해 버렸다. 이런 잡스를 두고 사람들은 수군거렸다.
"생살여탈권(生殺與奪權)을 자기가 쥐고 있다는 특권 의식의 발로였을 것이다."

어느 날 그는 새로운 미디어인 인터넷과 접목할 새로운 제품 개발에 눈을 돌렸다. 이번 대상은 음악이었다.

"디지털의 본질은 창조적 예술 작품에 대한 감상을

훌륭한 엔지니어링과 결합하는 데 있다."

　그래서 그는 하드웨어부터 소프트웨어, 콘텐츠, 마케팅에 이르기까지 제품 모두를 통합해야 한다고 여겼다. 음악, 그림, 영상, 컴퓨터를 사랑한 만큼 그는 항상 제품에서 모양과 색깔 등의 디자인 결정 또한 매우 중요시 여겼다. 멀티미디어 플레이어 및 아이팟용 동기화 프로그램으로 컴퓨터 내의 음악과 동영상을 관리하는 아이튠즈(iTunes) 개발에 이어 MP3 플레이어 시장의 혁명을 주도한 아이팟을 세상에 내놓았다.

　아이팟은 터치식 휠을 사용하여 쉽게 재생 목록을 선택하고 수천 곡을 스크롤하여 음악을 재생하며, 임의 재생과 한 번의 충전으로 최대 12시간 재생도 가능한 디지털 오디오 플레이어였다.

　당시 인터넷 불법 복제로 곤혹을 치르고 있던 음반사들은 IT 기업들을 적대시하는 경향이 있었다. 잡스가 MP3 파일을 판매할 계획을 세우자 음반사들은 반대의 깃발을 높이 들었다.

　〈와이어드〉지 기자인 루카스 하우저는 '아이팟을 부수자'라는 칼럼을 통해 스티브 잡스를 혹독하게 비판했고, 인터넷에는 IPOD이라는 제품명에 빗대어서, '나는 디스크를 가지는 게 더 좋아(I Prefer Owing Discs)', '멍청이가 우리의 기기에 가격을 매겼다(Idiots Price Our Devices)', '나는 다른 기기가 더 좋아요(I Prefer Other Device)' 등 아이팟을 비웃는 글들이 넘쳐났다.

　그런데도 잡스는 끈질기게 음반사와 대화를 시도하면서, 동시에 그 자신도 음악을 사랑하는 사람이며 애플은 불법 복제를 막을 대안을 가진 회사임을 적극적으로 홍보했다.

음반사들이 애플 사와 함께 일하기보다는 독자적인 서비스를 실행할 때도, 그는 음반사들과 신뢰감을 쌓기 위해서 애썼다. 실행했던 모든 서비스들이 실패하자, 그때서야 음반사들은 애플에 눈을 돌리고 협상에 응했다. 불법 복제는 합리적인 인터넷 서비스가 없기 때문이라고 강조하면서 애플과 협력해 줄 것을 잡스가 부탁하자, 손을 내밀었다. 경쟁 관계였던 소니뮤직의 CEO인 앤드루 랙마저도 애플과 협력하기로 했다. 스티브 잡스는 세계 5대 음반사인 유니버셜, 소니, EMI, BMG, 워너뮤직을 한곳에 모아서 역사적인 뮤직 스토어를 열었다.

2003년 4월 28일 샌프란시스코 모스콘 컨벤션 센터에서 아이튠즈를 선보인지 단 6일 만에 100만 곡이 판매되었고, 그해 7,000만 곡, 2006년 2월에는 10억 곡, 2010년 2월에는 100억 곡이나 판매되었다. 이는 음악 산업 자체를 송두리째 바꾸어 놓은 대사건이었다. 2005년도 아이팟의 판매량은 무려 2,000만 대가 넘어섰다.

델라웨어 대학의 두 학자 존 일라이어스와 웨인 웨스터먼은 '핑거웍스'라는 회사를 창업한 뒤 멀티터치 감지 능력을 가진 태블릿 컴퓨터를 몇 가지 개발했다. 꼬집기나 밀기 등의 다양한 손가락 제스처를 유용한 기능으로 전환하는 방법에 대해 특허까지 받아 났다. 2005년 초 애플은 핑거웍스가 소유한 모든 특허 그리고 두 창업자까지 비밀리에 인수해 버렸다. 이후 핑거웍스는 자사 제품의 판매를 중단하고 애플의 이름으로 새 특허를 출원하기 시작했다.

2005년 6월 12일 51세 때, 그는 스탠퍼드 대학 졸업식 연설 중에 이렇게 말했다.

"죽음은 삶이란 운명이 만든 최고의 발명품이다. 죽음조차 선택을 위한 도구일 뿐이다."

2006년 1월 24일 월트 디즈니 회사는 74억 달러어치의 자사 주식으로 픽사를 인수하는 데 동의했고, 같은 해 5월 5일에 합병했다. 이로써 캘리포니아 주 에머리빌에 있는 컴퓨터 애니메이션 제작사인 픽사는 디즈니의 자회사가 되었다.

"나의 목표에는 언제나 위대한 제품을 만드는 것뿐 아니라 위대한 회사를 세우는 것까지 포함되어 있었습니다. 월트 디즈니는 그것을 해냈지요. 그리고 그때 우리가 그 합병에 응함으로써 우리는 픽사를 위대한 회사로 유지하는 동시에 디즈니 역시 위대한 회사로 남도록 도왔습니다."

이 합병을 통해 잡스는 디즈니 지분의 7%를 소유한, 월트 디즈니 컴퍼니의 최대 개인 주주이자 디즈니 이사회의 임원인 이사가 되는 기쁨을 누렸다.

어느 날 잡스는 회사에 출근해 팀원들을 모아 놓고 이렇게 말했다.

"태블릿 컴퓨터를 만듭시다. 단, 키보드나 스타일러스가 딸려 있어선 안 됩니다. 손가락으로 스크린을 터치하여 입력할 수 있어야 합니다. 그러려면 한꺼번에 여러 가지 입력을 처리할 수 있는 이른바 '멀티터치' 기능이 스크린에 갖춰져야 합니다. 멀티터치, 터치 감지 디스플레이를 만들 수 있겠지요?"

약 6개월이 걸린 실험 끝에 결국 팀원들은 조악하게나마 제대로 작동하는 프로토 타입을 고안하는 데 성공했다. 잡스는 그것을 애플 사의 인터페이스 디자이너에게 건넸다. 그로부터 한 달 뒤 손가락으로 스크린을 가로지르면 이미지가 마치 물리적인 사물처럼 움직이는 관성 스크롤 아이디어가 나왔다.

그는 그때를 회상하며 이렇게 말했다.

"그때 우린 관성 스크롤(모니터의 화면에 나타난 내용이 상하 또는 좌우로 움직이는 일) 아이디어에 완전히 푹 빠져 지냈지요."

2007년 1월 53세 때 잡스는 앤디 허츠펠드, 빌 앳킨슨, 스티브 워즈니악을 비롯한 옛 매킨토시 팀원들을 초대한 샌프란시스코 맥월드 행사장에서 아이폰을 공개했다.

"오늘 우리는 혁신적인 제품을 3가지 소개하려 합니다. 첫 번째는 터치로 조작하는 와이드스크린 아이팟, 두 번째는 혁신적인 휴대 전화, 세 번째는 새로운 인터넷 통신 기기입니다. 이 모든 것을 구현한 하나의 기기, 그게 바로 아이폰입니다."

사람들은 맥월드 행사를 이렇게 평가했다.

"이 행사는 화려한 프레젠테이션 경력 가운데 최고라 할 수 있었다."

아이폰은 발표되자마자 전 세계적으로 선풍적인 인기를 끌었다. 블로거들 사이에선 '예수폰'이라는 애칭도 있었다. 이 아이폰 덕택에 애플 사는 약 500억 달러의 수익을 올렸다. 특히 아이폰은 통신 업계 전반을 뒤흔들어 놓으면서 스마트폰 시장을 바꾸어 놓았을 뿐만 아니라 문화적인 파급 효과도 지대했다.

2010년 1월 27일, 아이패드의 역사적인 출시의 날, 그는 또 한 번 애플 초창기 시절의 사람들을 다수 초대했다.

초대 손님들 중에는 그의 간 이식 수술을 집도한 제임스 이슨, 2004년 그의 췌장 수술을 맡은 제프리 노턴도 끼어 있었다. 그들 옆에는 그의 아내와 아들, 그리고 여동생 모나 심슨이 나란히 앉아 있었다.

아이패드를 발표한 날 저녁, 오바마 대통령의 비서실장 람 이매뉴얼로부터 축하 전화를 한 통 받고 잡스는 고마워했다. 그러나 저녁 식사 자리에서 이렇게 불평했다.

"대통령이 취임 후로는 내게 한 번도 연락하지 않았다."

아이패드라는 태블릿 컴퓨터를 발표하면서 잡스가 주도하는 포스트 PC 시대는 더욱 가속화되었다.

아이패드가 나올 때 닌텐도의 사장인 이와타 사토루는 아이팟 터치가 더 커졌을 뿐이라고 평가 절하했고, 구글의 CEO였던 에릭 슈미츠는 큰 전화와 태블릿의 차이를 알려달라면서 아이패드에 시큰둥한 반응을 보였다.

각종 언론에서도 아이패드는 기존에 나왔던 태블릿 컴퓨터처럼 실패할 것이라는 부정적인 전망이 쏟아졌다. 하지만 이 아이패드는 발매된 지 8개월 만에 8천만 대 이상 판매되면서 전자기기 역사상 가장 빠른 속도로 팔린 제품이라는 기록을 남겼다.

아이패드가 출시되기 전, 처음에 잡스는 아이패드에 인텔이 개발 중인 낮은 전압의 아톰 칩을 사용하려 했으나, 아이팟 부문의 수석 부사장인 토니 파델(Tony M. Fadell, 1969년생, 아이팟 신화의 일등공신)이 보다 단순하고 전력을 적게 사용하는 ARM 아키텍처 기반을 강력하게 주장하는 바람에 멈칫했다.

어느 날 회의에서 잡스가 적절한 모바일 칩 제작은 인텔에 맡기는 게 최선이라고 주장하자 파델은 안 된다고 소리쳤다. 그날 파델은 애플 배지(badge)를 테이블에 올려놓고 사직하겠다고 했다. 결국 잡스는 손을 들며 이렇게 말했다.

"알겠네. 최고의 인재를 거스를 순 없지."

잡스는 애플 제품이 깔끔하고 단순하기를 원했다. 그래서 '단순하게 가자, 정말로 단순하게'라는 애플 슬로건을 내걸었다.

"단순함이란 궁극의 정교함이다. 진정한 예술가는 단순함에 목숨을 건다."

"단순함은 복잡함보다 더 어렵다. 생각을 명료히 하고 단순하게 만들려면 열심히 노력해야 한다. 생각을 단순하게 만들 수 있는 단계에 도달하면 신도 움직일 수 있다."(1998년 〈비즈니스위크〉 지)

"우린 많은 것을 생략하고, 불필요한 것들을 제거함으로써 진보한다."

이런 생각에 기초하여 그는 매번 강조했다.

"온통 검은색으로만 되어 있는 소니의 우중충한 산업 스타일을 버리고, 우리는 밝고 순수하고 하이테크에 충실한 제품을 만들 겁니다."

잡스는 강하고 영민했다. 제품 프레젠테이션을 할 때는 카리스마가 철철 넘쳐흘렀다. 눈빛은 샛별처럼 빛났다. 회사 내에서 그는 외경스런 존재였다. 회사 내에서 그와 마주친 직원들은 긴장해 제대로 말을 못했다. 직원들 사이에선 'I'm steved'라는 말이 나올 정도였다.

"잡스는 남을 통제하기는 좋아했지만 권위적인 누군가의 지배를 받는 것을 극도로 싫어했다."

오바마 대통령을 만나 45분 동안 미팅을 할 때 그는 이렇게 말했다.

"미국 행정부가 훨씬 더 기업 친화적으로 변해야 합니다. 중국에 공장을 세우는 일은 매우 쉽지만, 요즘 미국에 공장을 세우는 건 여러 가지 규제와 불필요한 비용 때문에 거의 불가능합니다."

오바마 대통령이 후속 조치를 취하겠다고 하자, 그는 흡족해하며 한마디했다.

"다음 대선 때 정치 광고 제작을 돕겠습니다."

어느덧 잡스는 사업가에서 세상을 바꾸는 아이콘으로 인지되기 시작했다. 많은 청중들 앞에서 청바지에 검은색 셔츠로 연설하는 그의 모습은 바뀌어 가는 세상의 서막을 알리는 행사로 각인되었고 사람들은 그가 만든 제품들에 열광했다. 하루는 그가 제품을 시장에 내보내기 전에 시장 조사를 하지 않은 이유에 대해 이렇게 말했다.

"고객에게 그들이 원하는 것을 줘야 한다고 말하는 사람들도 있다. 하지만 그것은 내 방식이 아니다. 고객이 욕구를 느끼기 전에 그들이 무엇을 원할 것인가를 파악하는 것이 내 방식이다. 헨리 포드는 이렇게 말했다. 내가 고객에게 무엇을 원하느냐고 물으면 고객은 '더 빠른 말!'이라고 대답할 것이라고. 사람들은 제품을 직접 보여주기 전까지는 자신이 무엇을 원하는지 모른다. 이게 내가 시장 조사에 절대로 의존하지 않는 이유다. 아직 적히지 않은 것을 읽어 내는 게 나와 회사의 일이다."

하루는 모든 성과의 공훈을 잡스 혼자서 자주 독차지하는 것에 기분이 상한 아이브는 다른 동료들의 불편함을 대변이라도 하는 듯 이렇게 말했다.

"잡스는 나의 아이디어들을 살펴보고는 '이건 별로, 이것도 별로, 이건 좋다'라고 말하곤 했어요. 그리고 나중에 그것을 발표할 때면 그는 그게 마치 자신의 아이디어인 것처럼 이야기했죠. 제가 그 자리에 앉아 있는데도 말이에요."

그런데도 아이브는 다음과 같은 점에 대해선 그의 공적을 솔직히 인정했다.

"나의 디자인이 모두 잡스의 공훈으로 돌아갔을 때 얼마나 마음이 아팠겠어요. 하지만 달리 생각하면 다른 회사였다면, 훌륭한 아이디어와 디자인들이 업무 처리 과정에서 사라지고 말았겠지요. 우리 팀의 아이디어들은 다른 곳에서는 아무런 인정도 못 받고 사장되었을 거예요. 만약 잡스가 이곳에서 우리를 밀어 붙이고 함께 일하며 수많은 저항을 헤쳐 나가도록 돕지 않았다면 우리의 아이디어 상당수는 제품으로 현실화되지 않았을 겁니다."

잡스의 경영 좌우명은 다름 아닌 '집중'이었다. 그는 지나치게 많은 제품 라인업을 하나하나 정리해 나갔다. 그리고 애플이 개발 중이던 새로운 운영 체제에서 필요 없는 기능을 제거했고, 제품 회로 기판에서부터 완제품에 이르기까지 모든 생산 과정을 외부 업체에 위탁했다.

잡스는 여러 그룹이 제각기 마케팅을 고려해 제품 라인을 늘리도록 허용하거나 수백 가지 아이디어들이 꽃을 피우도록 방치하기보다는 애플 전체가 한 번에 두세 가지 우선순위에 초점을 맞춰 가도록 이끌었다. 이에 대해 쿡은 이렇게 말했다.

"주변에서 울려대는 잡음을 잡스만큼 능숙하게 끄는 사람은 아마 없을 겁니다. 그리하여 한두 가지에 초점을 맞추고 많은 것들을 거부할 수 있었던 거지요. 그런 걸 진정으로 잘하는 사람은 잡스가 이 세상에서 최고일 겁니다."

어느 날 잡스는 구글(google)을 향해 이런 조언을 던졌다.

"내가 가장 강조한 것은 집중이다. 구글이 어떤 회사로 성장하길 바라는지 파악해야 한다. 구글은 이제 전 세계 어디에든 존재한다, 구글이 가장 집중하고 싶은 다섯 가지 제품은 무엇인가? 나머지는 모두 제거해라, 그렇지 않으면 구글은 쇠약해질 것이다."

1985년 애플 사에서 나온 지 15년 만인 2000년 1월 애플 사의 정식 CEO로 선임된 잡스의 드라마 같은 인생과 업적과 그 영향력 때문에 이후 그를 추종하는 사람들이 속속 나왔고, 일부 팬들은 그를 예수 그리스도에 빗대어 추켜세우기도 했다.

하루는 그가 이렇게 말했다.

"포기하지 않고 계속 나아갈 수 있었던 유일한 힘은 내가 하는 일을 사랑했기 때문입니다."

얼마 되지 않아 애플은 라이벌인 마이크로소프트(Microsoft) 사를 능가하고 세계에서 ExxonMobil 다음으로 우뚝 섰다.

오늘날 애플 사는 여러 업체를 거느린 맘모스 회사로 성장했다.

하드웨어로는, 애플 TV(1세대·2세대), 아이패드(1세대·2·3세대), 아이폰(2G, 3G, 3GS, 4·4S), 아이팟(터치, 클래식, 나노, 셔플), 아이맥, 맥북(맥북 프로, 맥북 에어), 미니, 프로, 엑서브.

주변 기기로는 에어포트, 시네마 디스플레이, 애플 마우스, 매직 마우스, 매직 트랙패드, 애플 키보드, 타임 캡슐.

소프트웨어 제품으로는 애퍼처, 벤토, 파일메이커 프로, 파이널 컷 스튜디오, 개러지밴드·아이라이프, iOS, 아이튠즈, 아이워크, 로직 스튜디오, 맥 OS X, 퀵타임, 사파리, Xsan, 아이무비.

스토어 및 서비스로는 ADC, Siri, 애플케어, 애플 스페셜리스트, 애플 스토어(온라인), 앱 스토어, 증명서 프로그램, 게임 센터, 지니어스, 아이북스 스토어, 아이튠즈 스토어, 아이클라우드, 모바일미, 원투원, 프로케어.

산하 회사로는 이매직, 핑거웍스, 인트린시티, 라라, 넥스트, 낫땡리얼, P.A. 세미, 폴리9, 실리콘 컬러, Spruce 테크놀리지,

쿼트로 와이어레스.

잡스는 애플에 복귀하기 전에는 직원들에게 주식을 나눠 주는 것을 아까워했다. 하지만 그는 변했다. 2003년 주당 9.15달러에 1,500만 주를, 21.80달러에 4,000만 주를 소유할 수 있는 스톡옵션을 가지고 있었던 잡스는 이 주식을 사기 진작을 위해서 직원들에게 나눠줬다. 그때 나눠준 주식은 2012년에 128억 달러(15조 원)라는 어마어마한 금액이 되었다.

2009년도 애플 사의 연간 수익은 429억1천만 달러에 이르렀고, 고용인 수는 정규직 17,787명, 임시직 2,399명이었으며, 2012년 초까지 212개의 특허를 보유한 회사로 성장했다.

하루는 경고성이 담긴 한마디를 남겼다.

"IBM의 존 에이커스는 똑똑하고 언변이 뛰어난 환상적인 세일즈맨이었지만 제품에 대해서는 아무것도 몰랐다. 제록스에서도 이와 똑같은 일이 벌어졌다. 세일즈맨들이 회사를 운영하면 제품을 만드는 사람들은 다소 경시되기 시작하고 그렇게 되면 그 중 상당수가 흥미를 잃는다. 나의 실수로 스컬리가 영입되었을 때 애플에도 그런 일이 일어났고, 발머가 마이크로소프트를 맡았을 때도 똑같은 일이 벌어졌다. 애플은 운이 좋아서 재기했지만, 마이크로소프트는 발머가 운영하는 한 절대 변하지 않을 거라고 생각한다."

그리고 길 것 같지 않은 자신의 운명을 예측이나 하는 듯 이런 말을 했다.

"우리가 이 지구에 머무는 시간은 아주 잠깐입니다. 정말로 위대한 일을 해낼 수 있는 기회는 많지 않습니다. 자신의 삶이 언제 끝날지 아무도 모릅니다. 젊음을 아직 잃기 전에 많은 걸 이뤄내야 합니다."

과중한 업무 때문에 그는 집에 돌아와 누울 때면 기진맥진한 상태였다. 말도 제대로 할 수 없을 만큼 피곤이 누적되었다. 그러던 중, 2003년 10월 돌연 췌장암 판정을 받았다.

의사가 판단한 수명은 길어야 6개월이라고 했다. 이는 췌장이 뭔지도 모르는 그에게 청천벽력 같은 선고였다.

주치의는 집에 가서 주변을 정리하라고 말했다. 그의 말대로 "가족들에게 완전한 작별을 고하라"는 뜻이었다.

그날 저녁 잡스는 조직 검사를 받았다. 그런데 기적 같은 일이 일어났다. 아주 드물게도 치료가 가능한 췌장암이라는 진단이었다. 10대 때부터 집착하다시피 한 극도로 제한적인 식이요법과 금식으로 인해 생긴 질병이었다. 그런데도 그는 수술을 거부했다.

"의사들이 내 몸을 여는 게 싫었어요."

의사들은 다양한 종류의 고기와 생선 같은 단백질 섭취를 위해 영양가 높은 식단을 권유했으나, 그는 따르지 않았다.

수술 대신 그는 민간요법을 찾았다. 유기농 약초 복용, 쥬스 단식 요법, 장세척, 심령술, 긍정적 감정 표출하기 등으로 건강을 회복하려 했다.

2004년 7월 31일 스탠퍼드 대학 의학 센터에서 췌장 일부분을 제거하는 변형 휘플 수술을 받았다. 그리고 단백질을 더 많이 섭취해야 한다는 의사의 권고를 받았다. 그런데도, 그는 10대 때부터 지속해 온 채식, 금식 습관을 버리지 않으려고 했고, 끝끝내 의사의 권고를 무시했다.

수술 받은 뒤, 그의 몸이 다소 회복되어가는 듯했다. 그러자, 그는 내면의 목소리에 더욱 귀를 기울였다.

"남의 인생을 사느라 삶을 낭비하지 마십시오. 다른 사람의 의견이 여러분 내부의 목소리를 잠식하도록 놔두지 마세요. 그리고 가장 중요한 것은, 자신의 가슴과 직관을 따르는 용기를 가지라는 것입니다. 가슴과 직관은 여러분이 진실로 무엇이 되고 싶은지를 이미 알고 있습니다. 나머지 모든 것은 부차적입니다."

스탠포드 대학 졸업식 연설에서 그는 얼마 남지 않은 자신의 죽음을 예감한 듯 이렇게 말했다.

"내가 열일곱 살이었을 때, 나는 이런 비슷한 것을 읽은 적이 있습니다. '만일 당신이 매일을 삶의 마지막 날처럼 산다면 언젠가 당신은 대부분 옳은 삶을 살았을 것이다.' 나는 그것에 강한 인상을 받았고 이후 33년 동안 매일 아침 거울을 보면서 나 자신에게 말했습니다. '만일 오늘이 내 인생의 마지막 날이라면 내가 오늘 하려는 것을 할까?' 그리고 여러 날 동안 그 답이 '아니오'라는 것으로 이어질 때 나는 어떤 것을 바꿔야 한다는 것을 알게 되었습니다. 내가 곧 죽을 것이라는 사실을 생각하는 것, 그것은 내가 내 삶에서 큰 결정들을 내리는 데 도움을 준 가장 중요한 도구였습니다. 모든 외부의 기대들, 모든 자부심, 모든 좌절과 실패에 대한 두려움, 그런 거의 모든 것들은 죽음 앞에서는 퇴색해 버리고, 진정으로 중요한 것들만 남게 되더군요. 자신이 죽는다는 사실을 상기하는 것은 아까운 게 많다고 생각하는 덫을 피하는 가장 좋은 방법입니다. 우리는 이미 알몸입니다. 그러므로 우리는 가슴을 따르지 않을 그 어떤 이유도 없습니다."

2009년 1월 14일 55세 때 그는 병가를 내고, 애플 직원들에게 공개편지를 보내 그 사실을 알렸다.

병마와 싸울 때도 잡스의 열정은 지칠 줄 몰랐다. 그는 입에 관을 삽입해 말을 하지 못할 때도 메모장에 뭔가를 적었다.

만성 폐렴에 걸렸을 때 의사는 잡스에게 모든 것, 심지어 얼음까지도 금지시켰다. 당시 암 연구팀 책임자는 조지 피셔였다. 일반적인 중환자실에 있었을 때, 잡스는 이렇게 말했다.

"좀 특별하게 취급받고 싶어."

그러자, 심슨이 말했다.

"오빠, 이게 특별 취급이에요."

그 순간, 그가 몸을 여동생에게 기울이더니 이렇게 말했다.

"조금 더 특별하기를 원해."

관이 삽입됐을 때 잡스는 말을 할 수 없어서, 메모장을 하나 달라고 했다. 메모장을 받자 그는 병원 침실에서 아이패드를 지탱할 수 있는 기기를 스케치했고, 새로운 유동 모니터와 엑스레이 장비도 디자인했다.

잡스는 별로 특별할 것 없는 병원 내 각종 장비도 다시 디자인했다. 하루는 메모장에 이런 말을 적었다.

"정말로 큰 뭔가를 하려면 날 믿어야 한다."

그리고는 여동생을 조용히 올려다봤다. 그러자, 심슨은 그 눈빛의 의미를 알아듣고는 의사 몰래 얼음을 가져다주었다.

2009년 3월 21일 그는 교통사고로 사망한 젊은 남자의 장기를 기증받아 간 이식 수술을 받았다. 수술은 성공적이었으나, 암 재발이 아닌 호르몬 이상으로 인한 체중 저하 때문에, 호르몬 치료를 지속적으로 받아야만 했다.

2009년 5월 말, 퇴원한 그는 팔로알토로 돌아오면서 '내 자신이 회사에 없어서는 안 될 존재가 아닐지도 모른다'는 생각과 맞서 싸웠다. 애플 사의 주가는 그가 없는 동안에도 적절한 궤도에 올라 있었던 것이다. 2009년 1월 병가를 발표할 때 82달러였던 것이 5월 말 복귀 무렵에는 140달러였다. 그러나, 2011년 1월 그의 건강이 다시 악화되어 병가를 내자 애플의 주가는 6.5%나 하락했다.

간 이식 수술을 받은 이후 잡스는 하루에 한 번씩 다리로 딛고 일어섰다. 그의 다리는 몸을 지탱하기에 너무나 말라 보였지만 과감하게 책상에서 팔을 뗐다. 멤피스 병원 복도의 간호 근무실까지 간 뒤, 앉아서 잠시 쉬면서 주위를 돌아본 뒤 다시 걸었다. 그는 매일 조금씩 더 걸었다. 아내도 무릎을 꿇고 앉아서 그의 눈을 바라보며 말했다.

"할 수 있어요, 여보."

그러자 그의 눈이 넓어졌고, 입술도 팽팽하게 당겨졌다. 나중에 여동생 심슨은 이렇게 말했다.

"오빠는 노력했다. 언제나, 언제나 노력했고, 그 노력의 안에는 언제나 사랑이 들어 있었다. 그는 전적으로 감정적인 사내였다. 오빠가 자기 자신을 위해 고통을 참아가며 그 끔찍한 시간을 보낸 것이 아니라는 사실도 깨달았다. 오빠의 목표는 아들 리드의 고등학교 졸업식 참가와 딸 에린의 교토 여행이었다. 그리고 언젠가 은퇴한 이후에 가족들을 데리고 전 세계를 돌아다닐 보트를 건조하는 것이었다."

투병 중이던 어느 날, 자신이 인간적으로 가장 존경하는 클래식 뮤지션인 요요마가 병문안을 왔다. 둘이서 얘기를 나눌 때 잡스는 이렇게 졸랐다.

"내 장례식 연주를 해주세요."

요요마는 그렇게 하겠다고 약속했다.

예전에 잡스는 자신의 결혼식에서 연주를 해달라고 요요마에게 부탁한 적이 있었다. 하지만 요요마의 해외 순회공연과 일정이 겹쳐 뜻을 이루지 못했다. 몇 년 뒤, 잡스의 집을 방문한 요요마는 거실에 앉아 1733년산 스트라디바리우스 첼로를 꺼낸 뒤 바흐의 곡을 연주하며 이렇게 말했다.

"그때 결혼식에서 연주하려 했던 곡입니다."

감동받은 잡스는 눈물을 글썽이며 말했다.

"당신의 연주는 신의 존재를 입증하는 가장 확실한 증거로군요. 인간 혼자서 이런 일을 해낼 수 있다고는 도저히 믿을 수가 없으니까요."

그로부터 얼마 후 다시 잡스의 집을 방문한 요요마는 잡스와 대화를 나눴다. 그러면서 잡스의 딸 에린에게 자신의 첼로를 만져 보도록 허락해 주었다.

2010년 초, 다소 기력을 회복한 그는 다시 일에 매진했다.
"2010년은 내 자신에게나 애플에게나 가장 생산적인 1년이
었다."

애플의 디지털 허브 전략은 연타석 홈런을 날렸다. 아이팟, 아
이폰 둘 다 효자 노릇을 톡톡히 해냈다. 한번은 아이폰의 기술적
허점에 대해 지적 받자, 그는 오히려 당당히 말했다.

"휴대 전화는 완벽하지 않습니다. 우리도 완벽하지
않습니다. 우리도 인간입니다. 우린 그저 최선을 다하
고 있을 뿐입니다. 이게 데이터입니다."

2010년 1월 27일 샌프란시스코에서 아이패드 발표 행사가 열
렸다.
"이 아이패드는 학생들이 둘러메고 다니는 무거운 책가방을
해결해 줄 겁니다."

이 행사를 지켜본 〈월스트리트 저널〉은 이런 기사를 내보냈다.

"역사상 흥분과 환호를 일으킨 태블릿은 2개다. 하나
는 그 옛날 모세가 들고 나온 십계명 적힌 석판이고, 다
른 하나는 잡스가 들고 나온 아이패드다."

〈이코노미스트〉지는 태블릿을 들고 있는 잡스의 사진에다 성

자복을 입히고 후광을 덧씌워 표지에 실었고, 〈타임〉지, 〈뉴스위크〉지도 아이패드를 표지 기사로 다뤘다. 이렇듯 아이패드는 경이로움 그 자체였다.

아이패드는 출시된 지 한 달도 채 안되어, 100만 대 돌파, 2011년 3월까지 총 1,500만 대라는 경이적인 판매 실적을 올렸다.

2010년 1월 대만 기업 HTC가 아이폰의 외관과 느낌이 비슷한 안드로이드(Android)를 출시했고, 구글은 안드로이드라는 개방형 모바일 플랫폼을 내놓았다. 그와 동시에 전 세계적으로 안드로이드를 채택한 다양한 스마트폰이 출시되자, 화가 난 잡스가 소리쳤다.

"빌어먹을 구글! 당신들은 아이폰을 훔쳤어. 우리를 완전히 벗겨 먹었다구. 이는 엄청난 도둑질이야. 필요하다면 죽는 순간까지 내 인생과 은행에 있는 애플 자금 400억 달러 모조리 바쳐서라도 이를 바로잡을 생각이야. 반드시 안드로이드를 무너뜨릴 거야."

그리고 이렇게 덧붙였다.

"우리는 아이폰에 포르노가 다운로드 되는 것을 막아야 할 도덕적 책임이 있다고 믿는다. 포르노를 원하는 사람은 안드로이드를 사면 된다."

"자녀들이 생기면, 포르노에 대해 좀더 조심스러워질 것이다. 즉, 문제 핵심은 자유가 아니라 애플이 사용자를 위해 옳은 일을 하려고 노력한다는 것이다."

온갖 노력에도 불구하고, 불행히도 잡스의 건강은 완전한 회복 쪽이 아니라 오히려 점점 악화되어 갔다. 하지만 애플 측은 주가

하락 등을 이유로 그의 건강 이상설을 계속 부인했다.

2010년 6월 8일 애플 WWDC 2010 기조 연설에서 잡스는 이렇게 밝혔다.

"iPhone OS가 아이폰은 물론 아이팟 터치, 아이패드에서도 쓰이는 범용 운영 체제이므로 공식 명칭을 iOS로 변경한다."

2010년 6월, iOS에서 작동하는 22만5천 개 이상의 응용 소프트웨어들이 애플의 앱 스토어(애플이 운영하고 있는 아이폰, 아이패드 및 아이팟 터치용 응용 소프트웨어 다운로드 서비스)에 올라가 있으며, 누적 다운로드 횟수는 50억 회를 넘어섰다.

이 앱 스토어 구축에 기여한 인물이 바로 에디 큐(Eddy Cue)였다. 큐는 애플의 수석 부사장으로 있으면서, 아이튠즈 뮤직 스토어와 앱 스토어를 구축하는 데 중추 역할을 맡았다. 잡스 퇴임 후에는 팀 쿡(COO) 체제 아래 아이클라우드와 아이애드(iAd)의 책임자로 임명되었고, 인터넷 소프트웨어 서비스 부문 수석 부사장을 맡아 일했다.

하루는 백악관에서 만찬을 가진 잡스의 사진이 공개되어 눈길을 끌었다. 췌장암 악화로 인한 6주 시한부설이 나돌던 2011년 3월, 그는 아이패드2를 발표하기 위해 모습을 드러냈다. 그때 그는 언론에 보도된 것보다는 의외로 건강한 모습을 보여 애플 경영에 문제가 없음을 과시했다.

잡스는 병마와 싸우는 중에도 언젠가 꼭 만들고 싶다던 요트를 디자인하고 그것을 여러 번 수정하는 데서 기쁨을 찾기 시작했다. 그 무렵 배는 네덜란드 업체인 피드쉽(Feadship)에서 건조 중이었다. 그런데도 그는 여전히 요트에 대한 디자인을 손에서 놓지 않았다.

"이런 병을 갖고 살면서 고생하다 보면 자신이 곧 죽을 운명이라는 것을 끊임없이 상기하게 됩니다. 조심하지 않으면 머리까지 이상해질 수 있지요. 이런 상태에서는 대개 1년 이상의 계획을 세우지 못하는데, 그건 좋지 않습니다. 억지로라도 수년을 살 것처럼 계획을 세워야 해요."

그리고는 이렇게 덧붙였다.

"내가 죽고 로렌에게 만들다 만 배를 남겨 줄 수도 있다는 거 압니다. 하지만 손을 놓을 수가 없습니다. 손을 놓으면 내가 곧 죽는다는 걸 인정하는 셈이니까요."

2011년 3월 18일 결혼 20주년을 맞아 그의 아내 로렌은 손수 쓴 글을 읽어 내려갔다.

"20년 전 우리는 서로를 잘 알지 못했지요. 우린 그저 직감에 끌렸어요. 당신은 나를 황홀하게 했어요. 아와니에서 결혼식을 올릴 때 눈이 내렸지요. 수년이 지나 아이들이 태어났고, 행복한 적도 있었고 힘든 적도 있었지만 나빴던 적은 없었던 것 같아요. 세월이 흐를수록 당신에 대한 우리의 사랑과 존경은 점점 더 커졌지요. 많은 것들을 함께했고, 이렇게 오늘은 20년 전 시작한 그곳으로 돌아왔네요. 좀더 늙고 좀더 현명해지고 또 얼굴과 가슴에 주름도 늘었네요. 이제 우리는 인생의 기쁨, 고통, 비밀, 경이로움 등을 많이 알게 되었네요. 그리고 여전히 이렇게 서로를 마주하고 있네요. 나는 황홀하지 않은 적은 한 번도 없었답니다."

이 대목에서 그는 눈물을 훔쳤다.

2011년 6월에는 앱 스토어가 425,000개에 달했고, 다운로드 횟수는 140억 회가 넘었다. 2012년 2월 23일까지의 총 누적 다운로드 횟수는 무려 245억 회나 되었다.

하루는 고등학교 3학년인 아들 리드를 떠올리며 잡스는 이렇게 토로했다.

"그 녀석한테 내가 일하는 모습을 보여 주기 위해서라면 그 모든 걸 다시 한번 겪을 수도 있습니다. 아빠가 무얼 하는지 아들에게 꼭 보여 주고 싶어요."

2011년 7월 암이 뼈와 다른 부위까지 퍼졌다. 그러자, 의사들도 약물 치료의 방법을 찾는 것에 힘들어했다.

하루는 월터 아이작슨에게 자신의 전기를 써달라고 정식으로 의뢰하면서 잡스는 그 이유에 대해 이렇게 말했다.

"우리 아이들이 나에 대해 알았으면 해요. 아이들이 나를 필요로 할 때 항상 곁에 있어 주진 못했지요. 그래서 아이들이 내가 그동안 무엇을 했는지 이해하길 바랍니다. 몸이 아프기 시작하니까, 내가 죽고 나면 다른 사람이 나에 관한 책을 쓸 거라는 생각이 들더군요. 하지만 그들이 무얼 알겠습니까? 제대로 된 책이 나올 수 없을 겁니다. 그래서 누군가에게 직접 내 얘기를 들려주어야겠다 싶었지요."

2011년 8월 24일 애플은 갑자기 성명을 내고 최고 경영자(CEO)인 스티브 잡스가 CEO직을 사임한다고 밝혔다. 그리고 애플 사는 팀 쿡 최고 운영 책임자(COO)가 후임을 맡을 것이라고 덧붙였다. 이사회 멤버로는 윌리엄 켐벨, 밀라드 드렉슬러, 앨 고어, 앤드리아 정, 알터 D. 레빈슨 등으로, 임원 멤버로는 피터 오펜하이머, 필 실러, 조너선 아이브, 론 존슨, 시나 타마돈, 스콧 포스톨, 밥 맨스필드 등으로 각각 채워졌다.

"애플 앞에는 가장 밝고 혁신적인 나날이 펼쳐져 있다고 저는 믿습니다. 새로운 자리에서 애플의 성공을 지켜보고 거기에 기여하기를 고대하겠습니다."

이런 말을 남기고 잡스는 최고 경영진을 만나 사임 소식을 전한 뒤, 조지 라일리와 함께 차를 타고 귀가했다.

그는 자신의 삶을 되돌아보면서 이렇게 말했다.

"여태 나는 돈 걱정을 해본 적이 없습니다. 중산층 가정에서 성장했기에 굶는 것을 걱정할 필요가 없었죠. 대학 시절에도 풍족함을 멀리하고 가난한 삶을 살았습니다. 단순하고 소박한 삶을 추구했고, 그 나름대로 멋진 삶을 살았습니다. 그런데, 애플 사람들은 돈을 만지자 이전과는 달리 고급 롤스로이스 차를 사고, 집도 여러 채 장만하고, 지배인까지 두고, 아내는 성형 수술을 하여 기괴한 모습으로 변해갔습니다. 그것은 다 정신 나간 짓이지요. 나는 돈이 내 인생을 망치게 만드는 일은 없을 거라고 다짐했습니다."

"내 열정의 대상은 사람들이 동기에 충만해 위대한 제품을 만드는 영속적인 회사를 구축하는 것이었다.

그 밖의 다른 것은 모두 2순위였다. 물론 이윤을 내는 것도 좋았다. 그래야 위대한 제품을 만들 수 있었으니까. 하지만 내게는 이윤이 아니라 제품이 최고의 동기 부여였다."

　잡스는 일단 CEO직에서 물러나기는 했지만 이사회 의장직은 계속 유지키로 했다. 하지만, 병세 악화로 사임 2개월도 채 지나지 않은 2011년 10월 5일 췌장암 투병 끝에 결국 향년 57세의 나이로 아내 로렌 파월과 자녀 4명을 남겨 두고 캘리포니아 주 팔로알토에서 조용히 세상을 떠났다. 사인(死因)은 췌장 신경 내분비 종양이었다.

　잡스는 사망하기 전날 여동생 모나 심슨에게 전화를 걸어 집으로 와 달라고 부탁했다.

　"오빠 목소리는 다정했지만 이미 짐을 차에다 실어 놓고 여행을 시작하려는 사람 같았다."

　모나 심슨이 도착했을 때, 잡스와 로렌은 서로 매일같이 일하고 살아온 동료인 양 농담을 주고받고 있었다. 그는 아이들의 눈을 바라보면서 눈을 떼지 못했다. 그는 여동생에게 눈길을 돌려 눈물어린 마지막 작별의 말을 남겼다.

　"우리가 오래 함께하지 못해 미안하다. 우리가 계획했던 대로 함께 나이 먹으며 시간을 보내지 못해 미안하다, 나는 더 좋은 곳으로 가려 한다."

　잠시 후 그는 잠이 들었다. 오후 2시쯤 되자, 로렌이 그를 깨웠다. 애플 사에서 온 친구들을 맞이하기 위해서였다. 그리고 얼마 안 있어서, 그는 의식을 잃었다. 그의 숨소리가 바뀌기 시작했다. 힘들지만 천천히 쉬는 의도적인 숨소리가 정적을 깰 뿐이었다.

하룻밤을 무사히 넘겼다. 로렌은 침대 옆에 붙어서 숨 사이에 정지가 좀 길어지면 잡스를 바라보곤 했다.

죽음의 문턱을 넘기 바로 몇 시간 전, 잡스는 아이들을 오래 쳐다본 뒤 아내 로렌을 바라봤다. 그리고 그들 어깨 뒤를 보면서 이렇게 연거푸 감탄사를 쏟아내듯 단음절을 세 번 반복했다.

"오 와우(Oh Wow), 오 와우(Oh Wow), 오 와우(Oh Wow)."

이게 잡스가 남긴 마지막 유언이었다.

그때 식구들 뒤에는 세 명의 간호사가 서서 울먹이고 있었다. 67명의 간호사를 일일이 면접한 뒤, 잡스가 직접 선별해 뽑은 간호사 트레이시, 알투로, 엘햄이었다. 이들은 가족과 같은 마음으로 잡스가 사망할 때까지 묵묵히 아픔의 곁을 지켜 주었다. 숨을 거두기 얼마 전, 그는 신의 존재, 내세 등에 대해 한마디했다.

"내 인생 대부분에 걸쳐 눈에 보이는 것 이상의 그 무엇이 우리 존재에 영향을 미치고 있다고 느껴 왔지요. 죽은 후에도 나의 무언가는 살아남는다고 생각하고 싶군요. 한편으로는 그냥 전원 스위치 같은 것일지도 모르죠. '딸깍' 누르면 그냥 꺼져 버리는 거 말입니다. 아마 그래서 내가 애플 기기에 스위치 넣는 걸 그렇게 싫어했나 봐요."

그의 사망 소식은 애플 사의 공식 성명에 의해 세상에 알려졌다.

"Apple은 명확한 비전과 창의성을 지닌 천재를 잃었습니다. 그리고 세계는 정말 놀라웠던 한 사람을 잃었습니다. 스티브와 함께 일하는 행운을 누렸던 저희는 사랑하는 친구이자 늘 영감을 주는 멘토였던 그를 잃었습니다. 이제 스티브는 오직 그만이 만들 수 있었던 회사를 남기고 떠났으며, 그의 정신은 Apple의 근간이 되어 영원히 남을 것입니다."

각종 언론 매체들은 잡스의 업적에 대해 이렇게 정리했다.

1. 워즈니악과 함께 누구나 사용할 수 있는 개인용 컴퓨터 애플 제작
2. 가정용 컴퓨터 혁명을 불러오고 그래픽 유저 인터페이스를 보급한 매킨토시 제작
3. 디지털 창작의 기적을 연 〈토이 스토리〉를 비롯한 픽사의 블록버스터들 제작
4. 소매점의 역할을 브랜드 위치로까지 확대한 애플 스토어 출범
5. 음악을 듣고 소비하는 방식을 변화시킨 아이팟 제작
6. 음악 산업을 재탄생시킨 아이튠즈 스토어 제작
7. 휴대 전화를 음악, 사진, 동영상, 이메일, 웹 기기로 전환한 아이폰 제작
8. 새로운 콘텐츠 제작 산업을 만들어낸 앱 스토어 제작
9. 태블릿 컴퓨팅(Tablet computing: 터치스크린을 사용하는 개인용 컴퓨터)의 문을 열고 디지털 신문, 잡지, 책, 동영상을 위한 플랫폼을 제공한 아이패드 제작
10. 콘텐츠를 관리하는 중심 역할을 컴퓨터에게서 빼앗고 우리가 쓰는 모든 기기가 막힘없이 동기화되도록 만든 아이클라우드 제작

그에 대한 평가는 대부분 호의적이었다.

"그의 상상력은 직관적이고 예측 불가하며 때로는 마법처럼 도약했다."

"그는 마치 탐험가처럼 정보를 흡수하고 냄새를 느끼며 앞에 펼쳐진 것들을 감지할 수 있었던 천재였다."

"잡스는 우리 시대 비즈니스 경영자들 가운데 몇 세기 후에도 기억될 인물이다. 역사는 그를 에디슨과 포드에 버금가는 인물로 평가할 것이다."

"그는 예술과 공학을 결합해 혁신적인 제품들을 만들어냈다."

"그는 디자인에 대한 집착력과 완벽주의와 상상력을 애플의 DNA에 주입하는 데 성공했다."

스탠포드 대학 내 교회에서 열린 추모식에서 행한 추도사에서 여동생이자 소설가인 모나 심슨은 이렇게 말했다.

"죽음이 오빠를 덮친 것이 아니라 그가 죽음을 성취한 것이다."

"오빠는 자기가 사랑하는 일을 하고 있었고, 정말 매일같이 열심히 일했다. 오빠는 멍한 채로 있는 적이 없었다. 결과가 실패라 할지라도 오빠는 주변에 아랑곳하지 않고 열심히 일했다."

"오빠가 애플로부터 쫓겨났을 때 상황은 고통스러웠다. 오빠는 실리콘밸리 지도자 500명이 당시 대통령과 만찬 모임을 같이 했었는데, 자기는 초대받지 못했다고 말한 적이 있었다. 오빠는 상처를 받았지만 곧바로 넥스트 일을, 또다시 매일같이 했다."

"오빠는 유행이나 술책을 좋아하지 않았고, 자기 나이대의 사람들을 좋아했다."

"패션은 지금은 아름다워 보일지 몰라도 나중에는 보기 흉해진다. 예술은 지금 보기 흉할지 몰라도, 나중에는 아름다워진다. 오빠는 언제나 나중에 아름다워지는 쪽을 택했다. 게다가 기꺼이 인정받지 않는 편을 택하기도 했다."

"오빠가 가진 가장 큰 가치는 참신함이 아니라 아름다움이었다."

"오빠는 트렌드에 휩쓸리는 것을 좋아하지 않았다. 보기에는 '트렌드가 지금 예뻐 보이지만, 나중에는 추해진다. 예술은 처음엔

추할 수도 있지만 결국에는 아름답다'고 했다."

"오빠는 늘 겸손했고, 계속 배우려 했다."

황상민 연세 대학 심리학과 교수는 이렇게 말했다.

"사람들은 잡스의 파란만장한 삶을 통해 자신이 이루지 못했던 꿈을 떠올리는 것 같다."

곽금주 서울대학 심리학과 교수도 한마디했다.

"스티브 잡스의 죽음은 다른 유명인의 죽음과는 완전히 차원이 다르다. 불행과 역경을 헤치고 스스로 꿈을 이룬 인물이었던 만큼 많은 사람들에게 상실감을 안겨주는 것이다."

구자철 한성그룹 회장은 그의 사망 소식을 듣고 이렇게 애도의 말을 했다.

"잡스 사망 소식을 들으면서 모차르트의 죽음과 천재의 요절이 생각났다. 살아있을 때 이미 신화였던 그는 죽음과 함께 전설이 됐다."

잡스와 애플을 공동 창업한 스티브 워즈니악은 2011년 10월 6일 기자와의 인터뷰 도중 몇 차례 눈물을 닦으며 이렇게 말했다.

"잡스는 강력한 지도자면서 동시에 무모하다는 평판을 받기도 했지만, 나에게는 언제나 친절하고 좋은 친구였다."

"애플을 떠나 있던 1985년에, 잡스는 자신이 40살이 되기 전에 죽을 것 같은 느낌을 받았다고 했다. 그래서 그는 여생을 서둘러 무엇인가를 이루려는 데 초점을 맞췄던 것 같다."

"우리는 돌려받지 못할 무엇인가를 잃었다. 그럼에도 불구하고 그는 전 세계인들의 삶을 바꿔 놓을 너무도 많은 유산을 남기고 갔다."

"잡스가 남기고 간 놀라운 발자취를 우리는 다 알 수는 없다."

"잡스는 좋은 남편이자 아빠이고, 훌륭한 사업가로 세부적인 것들을 놓치지 않는 눈을 가지고 있었다."

"잡스는 과학 기술을 제대로 이해하고 있었고, 이익을 현실화시킬 수 있는 유능한 경영자였다."

"잡스는 갔지만, 앞으로 애플이 성공적으로 운영되길 희망한다."

그러면서, 워즈니악은 이렇게 밝혔다.

"내가 칼리지를 중퇴했다느니(그만둔 적 없다), 콜로라도 대학에서 퇴학당했다느니(그런 적 없다), 스티브와 내가 고등학교 같은 반 친구 사이라느니(선후배 사이다), 스티브와 내가 초기 애플II을 같이 만들었다느니(그 작업은 나 혼자 했다), 그런 말들은 진실이 아니다."

애플의 최고 업무 집행 책임자이자 잡스의 오랜 동료인 델 요캄은 잡스의 가정환경과 성격의 관계에 대해 이렇게 말했다.

"무엇을 만들든 완전히 통제하려 드는 그의 집착은 출생 직후 버려졌다는 사실과 그의 성격에서 직접적으로 비롯한다고 생각합니다."

짐 코리건은 잡스에 대해 이렇게 언급했다.

"스티브는 어릴 때부터 일단 마음먹으면 자신의 뜻을 관철시키기 위해 수단과 방법을 가리지 않는 아이였으며 그 맹렬함과 의지는 어른 못지않았다. 그것은 장애물을 장애물로 인식하지 않는 그의 특별한 재능이었다. 물론 이러한 태도가 항상 옳은 것은 아니다. 때로는 현실에 적응해서 다른 사람들과 조화를 이루는 태도도 필요하다. 하지만 인생의 가장 중요한 시기에 현실에 안주하지 않고 자기 앞에 놓인 장애물을 뛰어넘어 현실을 개척하는 능력은 한 사람의 인생에 매우 중요한 덕목이기도 하다."

다음은 잡스가 남긴 명언들이다.

"실패의 위험을 감수하는 사람만이 진짜 예술가다."

"언젠가 죽는다는 사실을 기억하라. 그럼 당신은 정말로 잃을 게 없다."

"창조성이란 단지 사물을 연결하는 것이다. 창조적인 사람들에게 어떻게 그런 일을 할 수 있었는지 묻는다면 그들은 약간 죄책감을 느낄 것이다. 왜냐하면 그들은 진정 창조적인 일을 한 것이 아니라 단지 무엇인가를 봤을 뿐이기 때문이다."(1996년 〈와이어드〉지)

"애플을 치료하는 것은 비용 절감이 아니다. 애플을 치료하는 것은 현재의 곤경에서 빠져 나오는 방법을 혁신하는 것이다."(1995년 5월 〈애플 컨피덴셜〉(오웬 W. 린즈메이어 저))

"다르게 생각하라(Think Different!)."(애플의 슬로건, 1997년 애플 임시 CEO로 복귀하며)

"무덤에서 가장 부자가 되는 일 따윈 중요하지 않다. 매일 밤 자기 전 우리는 정말 놀랄 만한 일을 했다고 말하는 것이 내게 중요하다."(1993년 〈월스트리트저널〉)

"자기 내면의 진정한 목소리에 귀를 기울여라."

"기술만으로는 충분하지 않다는 것, 그 철학은 애플의 DNA에 내재되어 있다. 가슴을 울리는 결과를 내는 것은 인문학과 결합된 기술임을 우리는 믿는다(It's in Apple's DNA that technology alone is not enough. We believe that it's technology married with the humanities, that yields us that result that makes our heart sing)."

"성공적인 사업가와 비성공적인 사업가를 구분하는 것 중 50% 가량이 순전히 끈기에 있다고 나는 확신합니다(I'm convinced that about half of what separates the successful entrepreneurs from the non-successful ones is pure perseverance)."

"기술 혁신 제품을 만들다보면 때로는 실수를 하게 됩니다. 그 실수를 빨리 인정하고 또다른 혁신을 향하여 나아가는 것이 최상입니다(Sometimes when you innovate, you make mistakes. It is best to admit them quickly, and get on with improving your other innovations)."

"당신이 이 세상에 살아있는 시간은 제한적입니다. 다른 사람들의 생각의 결과에 갇혀 살지 마세요."

"나는 훌륭한 예술가들과 엔지니어들은 비슷한 사람

들이라고 생각한다. 나와 함께 컴퓨터 개발에 참여한 인물들 가운데는 시인, 음악가로 활동해도 먹고 살 수 있는 사람들이 있다. 레오나르도 다빈치나 미켈란젤로 같은 위대한 예술가들은 과학에도 능통했다. 미켈란젤로의 경우 조각뿐만 아니라 채석 방법도 잘 알았다."

"마이크로소프트의 경우, 일궈낸 성과는 인정하겠지만, 제품과 관련해 야망을 품지 않았다. 마이크로소프트 DNA에는 인간애와 인문학이 존재하지 않았다. 빌 게이츠는 세계 최고 부자이며, 그게 목표였다면 이미 이룬 셈이다. 하지만, 그건 결코 나의 목표는 아니다."

"한두 세대 후에도 여전히 무언가를 표상하는 회사를 구축해야 한다. 그것이 바로 월트 디즈니, 휴렛패커드, 인텔 등을 구축한 사람들이 해낸 일이다. 그들은 단순히 돈 버는 기업이 아니라 영속하는 기업을 구축했다. 애플 역시 그렇게 되기를 바란다."

〈스티브 잡스의 성공 DNA〉

1. 사랑하는 사람을 찾듯이 사랑하는 일을 찾았다.

2. 늘 갈망하고 우직하게 도전했다.

3. 죽음은 삶이 만든 최고의 발명품, 새로운 결단에 도움을 주는 도구라 여겼다.

4. 혁신을 향해 줄기차게 밀어붙였다.

5. 만족하지 않으면 No라고 말했다.

6. 다르게 생각했다(Think Different).

7. 다른 사람의 삶을 사느라 시간을 낭비하지 않았다.

8. 자기 내면의 진정한 목소리에 귀를 기울이며 살았다.

9. 대담한 상상력으로 일을 추진했다.

10. 자신이 하는 일을 진정으로 사랑했다.

11. 일관성 있는 비전을 정해 놓고 사람들을 뭉치게 했고 독려했다.

12. 어떠한 시련 속에서도 좌절하지 않고 당당히 나아갔다.

13. 설득력(persuasiveness)이 뛰어났다.

14. 위험 부담을 무릅쓰는 힘(risk-taking)을 지니고 있었다.

15. 철저한 완벽주의(fierce perfectionism)로 일을 처리했다.

16. 일중독자(workaholic)처럼 일했다.

17. 독립심이 강했다.

18. 불굴의 끈기(Sheer tenacity)가 있었다.

19. 탄력성(Resiliency)이 있었다.

20. 웅대한 자부심(Grandiose ego)이 있었다.

21. 자신에 대한 압도적인 믿음(Overwhelming belief in himself)이 있었다.

22. 자신의 비전을 영감(inspiration), 일방성(unilateralism), 직감(gut instinct)

으로 이끌어갔다.

23. 원대한 비전과 무한한 에너지를 가졌다.

24. 명상을 생활화했다.

25. 탁월한 미적 감각을 지녔다.

26. 자기가 좋아하는 일에 전력투구했다.

27. 문제 해결력과 추진력이 대단했다.

28. 언제나 창조적인 에너지를 끌고 다녔다.

29. 일단 맘먹으면 자신의 뜻을 끝까지 관철시켰다.

30. 맹렬한 집중력으로 자신이 원하는 것을 추구했다.

31. 인문학과 과학 기술의 교차점에서 중요한 역할을 하려고 노력했다.

32. 자신의 가슴과 직관을 따르는 용기가 있었다.

33. 자신을 특별하다고 생각했고 팀원들 개개인도 특별하다는 의식을 심어주려고 했다.

34. 황금배짱을 갖고 있었다.

35. 장애물을 장애물로 여기지 않았다.

36. 세부적인 것들을 놓치지 않는 눈을 가지고 있었다.

37. 디자인에 대한 집착력과 완벽주의가 있었다.

38. 아름다운 제품이 최고의 동기 부여였다.

39. 하루하루 인생의 마지막 날처럼 살았다.

40. 위대한 제품과 위대한 회사를 세우려고 노력했다.

41. 아내와의 변치 않은 사랑을 유지해 나갔다.

42. 초등학교 시절 유능한 교사의 지도를 받았다.

43. 가슴으로 낳아준 양부모의 헌신적인 뒷바라지가 있었다.

44. 배운 것을 단순히 머리로만 알고 있지 않고 삶에 깊이 받아들이려고 했다.

제
2
장

국민 MC / 배려 MC
유재석

여러분 웃고 삽시다

국민 MC
배려 MC
유재석

대한민국의 희극 배우이자 TV 예능 프로그램의 명진행자이며 '메뚜기'라는 별명으로 사랑받고 있는 유재석(劉在錫)은 1972년 8월 14일 체신부 공무원이던 아버지 유광렬과 어머니 신창숙의 1남 2녀 중 장남으로 서울에서 태어났다.

1979년 유재석은 서울 강북구 수유동에 위치한 유현 초등학교에 들어갔다.

아버지의 수입은 그리 넉넉한 편이 아니었다. 그래서 그가 반장을 해도 육성회비를 낼 돈이 없었다. 그 때문에 어머니는 돈을 내는 대신 학교에 와서 청소를 했다.

그 당시를 떠올리며 그는 이렇게 말했다.

"초등학교 시절 집안 사정으로 나는 4번이나 전학을 해야 했다. 그래서 친한 친구들을 많이 만들지 못했다. 유난히 수줍음을 잘 타고 낯을 많이 가리던 나는 전학 간 학교에 적응하기까지 꽤 많은 시간이 걸렸다. 하지만 학교생활에 곧 익숙해지면서 오락 시간마다 사회를 도맡아 보고 수업 시간에 엉뚱한 대답으로 교실을 웃음바다로 만들어 놓기도 했다. 초등학교 6학년 때 나는 반장이 되었다. 내가 반장이 됐다는 말에 어머니는 무척 기뻐하셨다. 하지만 조금은 걱정스러운 표정으로 이렇게 말씀하셨다. '우리 재석이가 반장이 됐으니 선생님도 한번 찾아뵙고 육성회 모임에도 열심히 나가야겠구나.' 선생님을 만나는데 빈손으로 올 수 없고 반장 어머니이니 육성회비 기부도 해야 했다. 어머니에게는 그 사실이 부담스러웠던 것이다. 그때 나는 몰랐다. 그 말씀을 하시는 어머니 표정이 왜 갑자기 어두워졌는지. 당시 체신부 공무원이던 아버지의 수입은 그리 넉넉한 편이 아니었다. 그렇다고 뇌물 따위는 거들떠보지도 않는 아버지에게 부수입이 있을 리 없었다. 얼마 되지 않는 아버지 월급으로 살림하고 우리 형제들 공부시키기에도 어머니에게는 벅찬 일이었던 것이다. 그 뒤부터 나는 어머니를 학교에서 자주 마주치게 되었다. 학교 화단과 교문 앞을 말끔하게 청소하시는 어머니의 모습을. '엄마가 왜 학교 청소를 해?' 하는 내 물음에 어머니는 웃으며 '응, 우리 재석이가 반장이 됐으니까 엄마도 학교를 위해 뭔가 도움이 되고 싶어서……' 나중에야 나는 어머니가 기부금을 낼 형편이 되지 않자 청소하는 것으로 대신하셨다는 사실을 알았다. 그 사실을 알고는 얼마나 울었는지 모른다.”

1985년 14세 때 수유 중학교에 들어간 뒤 그는 틈만 나면 놀았다. 그의 성적은 급격히 떨어져 갔다.

"사실 어린 시절 나의 꿈은 개그맨이었다. 내 꿈에 결정적인 영향을 미친 인물은 다름 아닌 '영구' 심형래 선배다. 중 1년 때 방영된 '유머1번지'의 코믹한 모습이 그 어떤 명작보다도 감동적이었다."

"공부가 싫은 것은 아니었지만 노는 것이 더 좋았다. 성적이 나빠지자 아버지의 불호령이 잦아졌다. 한번은 성적표를 보여 드리기가 무서워 성적표에 나온 숫자를 고친 적이 있었다. 필기체가 좋은 친구를 섭외했지만 결국 실패했고 그날 난 얼굴이 곰발바닥이 되도록 맞았다."

하루는 그가 이런 고백을 했다.

"주변 친구들의 모습에 괜한 시샘을 할 때가 많았다. 유명 브랜드 신발을 신고 좋은 가방을 들고 다니는 친구들이 부러웠다. 한번은 몇 만원을 호가하는 신발을 사달라고 3일간 '단식 투쟁'을 한 적이 있었다. 내가 밥을 굶고 있는 동안 어머니의 가슴이 얼마나 아팠을까 하는 생각을 하면 철없던 당시의 행동이 너무도 후회가 된다."

그의 중학교 은사들 중 한 분은 이렇게 말했다.

"모범적인 학교생활은 물론, 선생님을 위해 반 학급 친구들과 기타 연주를 연습해 공연을 펼쳤다. 그는 따뜻한 마음 씀씀이를 지닌 학생이었다."

중학교 동창생들은 그에 대해 이렇게 말했다.

"당시만 해도 그는 눈에 띄지 않고 조용한 친구여서 개그맨, MC로 성공할 줄은 정말 몰랐다."

"그때도 지금처럼 늘 예의바르고 착한 친구였다."

"유난히 농구를 좋아하던 친구였다."

"키는 중간 이상이었는데, 쉬는 시간마다 어우러져 농구를 하곤 했다."

공무원 생활을 하던 그의 아버지가 고모부와 함께 치킨 사업에 도전했으나 결과가 그리 좋지 못했다. 사업이 잘 안 되어 적잖은 빚까지 졌다. 하루는 그가 친구들에게 무상으로 치킨을 뿌리다가 아버지에게 혼나기도 했다. 2009년 MBC '무한도전'에서 그는 이렇게 회상했다.

"그 치킨이 파는 건 줄 모르고 친구들에게 나눠주다 아버지께서 '우리집을 말아먹는다'고 꾸짖으셨다."

1988년 17세 때 수유 중학교를 졸업한 뒤, 서울 성북구 안암동에 위치한 용문 고등학교로 진학했다. 1, 2학년 시절엔 전 과목 거의 '수'를 받았지만, 3학년 때는 성적이 다소 떨어졌다. 3학년 때 그와 아버지와의 갈등은 더욱 깊어져 갔다. 아버지는 명문대 진학을 원했다. 그 기대에 미치지 못하는 아들의 모습을 보고 아버지는 늘 한심해 했다.

용문 고등학교를 찾아간 '좋은 아침' 방송 팀은 유재석의 성적표를 공개했다. 생활 기록부에는 이렇게 적혀 있었다.

"진로 상황란에 1학년 '연세대 경영학과', 2학년 '예체능', 3학년 '정치 외교', 아이큐 124, 1학년 '유머가 풍부하고, 타에 인기가 많다.', 2학년 '남성적이고 활발하며 쾌활하며 친구가 많다.'"

그의 고등학교 은사는 이렇게 밝혔다.

"3년 개근의 모범적인 학창 시절을 보낸 학생이다. 유머 감각이 뛰어나 인기도 많았다."

혈액형이 B형인 그는 내성적인 성격임에도 불구하고 오락 시간만 되면 사회를 도맡아 보고 수업 시간에 엉뚱한 대답을 곧잘 해 교실을 뒤집어 놓았다.

"띠가 뭐냐?"
"땀띠에요."
이런 식의 유치한 개그였지만, 학우들은 웃긴다며 까르르 웃어댔다.

1989년 여름 고등학교 2학년 때 미팅장에서 어여쁜 소녀를 만났다. 그는 이미 두 차례 '찍팅(서로 맘에 드는 사람의 이름을 적어 일치하는 사람끼리 파트너가 되는 미팅)'에서 좌절을 경험하고 세 번째에서 기회를 잡았다.

"그녀도 내 이름을 적었다. 감격스러웠다. 하지만 얼마 후 미팅을 주선한 친구로부터 가슴이 찢어지는 듯한 말을 들었다. 그녀가 사실 날 좋아하지 않는다는 말이었다. 며칠 동안 밤잠을 설치며 설레던 가슴을 달래야 했다. 사춘기 때 첫사랑을 경험해 본 사람들은 그때 가슴이 얼마나 울렁거리면서 아픈지 이해할 것이다."
아픈 가슴을 진정시키고 학교생활에 적응할 즈음 그는 또 한 번의 좌절을 겪어야 했다. 그해 연말에 학교 친구들과 1일 찻집 행사를 하고 있었다. 그때 옛 미팅의 주인공인 그녀가 미팅 때 함께 나갔던 친구와 같이 찾아왔다.

"둘의 모습은 참 다정해 보였다. 난 어디에 시선을 둬야 할지를 몰랐다. '나도 그녀를 좋아했는데…. 그녀도 내 이름을 적었는데…. 왜 난 지금 그녀와 함께 있지 못하는 걸까.' 그녀는 여전히 키도 크고 예뻤다. 마음도 예뻤다. 웃는 모습을 보고 있으니 그때 생각이 났다. 몇 달이 지난 후 당시 친구가 전해준 '그녀가 날 싫어한다'는 말의 내막을 알았을 때 나는 또 한 번 절망했다. 미팅을 주선한 친구와 가장 친한 친구가 미팅에 함께 나왔는데, 그 녀석도 그녀를 지목했던 것이다. 주선자는 어쩔 수 없이 더 친했던 그 녀석에게 전화번호를 받아주고 나에겐 '물어봤더니 날 싫어하더라'고 말했던 것이다."

하루는 KBS 방송국 관계자들이 학교를 찾아왔다. 당시 고등학교를 돌아다니며 화제를 찾아 탐방 취재하는 '비바! 청춘'을 제작하기 위한 사전 답사였다.

'우리학교 명물' 코너를 꾸미기 위해 '누가 가장 엉뚱한가?'를 뽑는 투표를 실시했다. 운 좋게 그가 당당히 1위에 선정됐다. 그러자, 그는 곧바로 꽁트 준비에 들어갔다.

녹화 때 사회를 보던 원종배의 소개로 무대에 등장한 그는 홍콩 느와르의 대표적 작품인 〈영웅본색〉의 주윤발을 패러디 했다. 말도 안 되는 중국말을 지껄이며 장렬한 죽음을 맞는 주윤발을 흉내냈다. 대변이 마렵다는 것으로 끝 장면을 처리했다.

이 패러디가 전파를 타고 전국으로 나갔다. 반응이 좋아 연말 특집 '비바! 청춘'에 뽑혔다.

1989년 12월 말 그는 KBS 본관 IBC 홀이 위치한 곳에서 15일 동안 다른 팀들과 합숙하면서 연습을 했다.

연습 이틀째 되던 날 친구 '찍새(애칭)'가 찾아왔다. 수업 마치고 응원차 왔다던 찍새는 "잠시 있다 갈게"라는 말이 무색하게 무려 15일간 동안 그와 함께 먹고 잤다. 둘은 방송 출연도 함께했다. PD들과 친해진 후 학교 선생님께 잘 말씀드려 달라고 떼를 써서 15일 결석 협조 공문을 받아 내기까지 했다.

연말 특집 방송 내용 역시 〈영웅본색〉이었다. 이번엔 죽어가는 장국영이 임신한 아내에게 전화하는 장면이었다. 고통에 겨워 신음 소리를 내는 장국영은 알고 보니 대변이 마려웠던 것이다.

실제 그의 고등학교 1학년 담임 선생은 딱 잘라 말했다.

"학창 시절 유재석은 개그에 소질이 없었다. 하지만, 어느 날 중요한 계기가 있었는데 '비바! 청춘'이라는 프로그램에서 끼 있는 아이들을 10명 정도 선발했는데 그가 선뜻 나가겠다고 해서 출연시켰다. 의외였다."

1991년 동국대학 경제학과에 낙방한 유재석은 아버지 몰래 서울 예전(현 서울예술대학) 방송 연예과에 지원했다. 아버지를 실망시키고 싶지 않은 마음에 자기 혼자 내린 결정이었다.

"일이 되려는지 꼬여가려는지 그만 덜컥 합격해 버렸다. 부모님께는 어떻게 말씀을 드려야 하는지 고민이 되긴 했지만 그것보다도 어릴 때부터 바라던 꿈이 당장 실현될 수 있을 것 같아 너무나도 기뻤다. 내가 이렇게 기쁨에 젖어 있을 때 집에서는 나의 재수 준비가 진행되고 있었다. 재수 학원비부터 목표 대학까지 이미 결정돼 있었다. 합격 사실을 말씀드리자 한바탕 소동이 있었다. 아니나 다를까 제일 실망하신 분은 아버지였다. 그때 아버지는 '이제 내 품안의 자식이 아니구나'라는 생각에 무척이나 섭

섭해 하셨다. 하지만 '너도 스스로를 책임질 나이'라며 내 결정을 인정해 주셨다."

입학식이 있던 날 합격을 축하하기 위해 친구 '찍새'가 찾아왔다. 찍새의 발걸음은 첫 강의가 있는 날도 이어졌다. 찍새는 과 친구들과 통성명을 한 후 뒤풀이도 함께 가서 술도 함께 마셨다.
다음날 찍새는 또다시 학교로 날 찾아왔다. 그는 다음날도 다음날도 그 다음날도 찾아왔다. 찍새는 나보다 더 과 친구들과 친해졌고 학교도 열심히 다녔다. 그가 1학기를 마칠 때까지 학과생들은 찍새가 같은 과 친구인 줄 착각했을 정도였다.

1991년 4월 어느 날 서울 예전 교내에 한국 방송 공사에서 주최하는 제1회 KBS 대학 개그제 개최 공고문이 붙었다.
"콘테스트는 5월, 준비 기간은 길게 잡아야 한 달. 이 한 달이 내 인생을 바꿀지도 모른다는 생각에 가슴이 벅찼다. 연습에 열중하는 동안 모창, 성대모사, 유행어를 이용한 애드리브 등 내가 짜낼 수 있는 아이디어는 총동원했다."
그러던 중, 하루는 교수가 그를 찾았다. 교수는 그에게 조용히 충고해 주었다
"방송은 그렇게 간단한 일이 아니다. 일단 주변을 정리하고 차분하게 준비하는 것이 좋을 듯하다. 무턱대고 성급하게 달려드는 모습이 걱정된다."
그가 준비했던 것은 '1분 칼럼'이라는 일종의 스탠딩 개그였다. 당시 세인의 이목을 끌었던 '안재형 자오즈민의 결혼'과 '페놀 사건'을 풍자한 내용이었다.

서울예술대학의 한 은사는 지난날을 떠올리며 이런 일화를 들려주었다.

"한번은 명동을 지나는데 유재석이 촬영하고 있는 장면을 목격했다. 눈이 마주쳤는데, 저 멀리서 뛰어오더니 '교수님' 하고 부르면서 안겨 눈물을 글썽이더라. 왜 그러냐고 물으니 '너무 힘들어요'라고 얘기하던 모습이 아직도 기억에 생생하다."

개그제에서 그는 장려상을 받았다. KBS 2TV 예능 프로그램 '해피투게더3' 200회 특집 녹화에서 그는 당시를 이렇게 회고했다.

"개그맨 데뷔 당시 내가 제일 웃긴다는 생각에 거만했었다. 학창 시절 항상 앞에 나와 다른 친구들을 웃기는 학생이었고 늘 주위에서 '재미있다', '최고다'라는 얘기만 들어 건방져 있었다. 내가 TV에 나오면 전국이 난리가 날 거라 상상하며 대상을 기대하고 개그 콘테스트에도 나갔다. 하지만 개그 콘테스트에서는 장려상을 받는 데 그쳤다."

당시 대상은 남희석이 받았고 김국진, 김용만 등도 상을 받았다. 장려상에 그치자 그는 삐뚤어져서 못마땅한 표정으로 주머니에 손을 넣은 채 귀를 후비며 시상하러 나오다가, 선배 개그맨들에게 눈총을 사기도 했다. 훗날 그는 이렇게 술회했다.

"그땐 정말 철이 없었어요. 선배님들께 예의라고는 인사밖에 할 줄 몰랐거든요. 무명 시절 하도 딱해 보였는지 김용만이 자기 집에 데려가 밥을 먹였는데 고기반찬은 없고 풀반찬만 있다고 투정부려서 빈축을 사기도 했어요."

그리고 이렇게 덧붙였다.

"개그맨이 됐으나, 주변 반응은 별로 변화가 없었다. 단지 '개그맨 됐다면서?' 정도였다. 이어지는 질문은 '대상 받은 김용만 씨 좀 소개시켜 줘'였다. 하지만 내 생활에는 일대 변화가 있었다. 매일 오전 10시에 방송국으로 출근해 오후 10시에 퇴근하는 생활이 이어졌다. 학교는 거의 대리 출석으로 일관했다. 방송국에서는 신인 개그맨들이 출연하는 5분짜리 코너를 위해 일주일 내내 연습에 몰입했다. 이러기를 6개월. 나는 점점 희망을 잃어가고 있었다. 5분 출연을 위해 일주일을 꼬박 연습한다는 사실이 불만은 아니었다. 하지만 목표가 없는 삶은 의욕을 떨어뜨리기에 충분했다. 모든 것들을 그만두고 싶었다."

당시 그의 개그맨 동기들로는 이휘재, 남희석, 김국진, 김용만, 박수홍, 양원경, 김수용, 윤기원 등이 있었다. 유재석을 제외한 동기들은 프로그램 1~2개에 출연하면서 입지를 차츰 넓혀가고 있었고, 동기인 이휘재, 김국진, 남희석은 큰 인기를 얻으며 승승장구했다.

이휘재가 "그래 결심했어"라는 유행어를 퍼뜨리며 '일요일 일요일 밤에'에서 '인생극장'을 할 때, 그는 한없이 부러워만 하던 이름 없는 개그맨에 불과했다.

하루는 셀프카메라 동영상으로 그는 이렇게 토로했다.

"제 자신에 대해 주변에서 '연예인이 됐는데 왜 연예인이 TV에 안 나오냐?' 그런 한마디 한마디가 가슴에 깊은 상처를 주는 말이었습니다. 김용만, 김국진, 남희석 인기 개그맨들이 나오는 TV는 한때 안 봤습니다. 같이 커피 마시고 방송 데뷔했는데, 저 사람들은 TV 나오고, 나는 저 사람들 나오는 거나 보고 뭐하는가. 스타가 되어 하루아침에 몰락한 사람들을 보고 나는 느낀 점이 뜨고 나서 변하는 사람이 안 되리라고 다짐했습니다. 항상 겸손하고 솔직하고 성실한 모습 보여드리도록 열심히 노력하도록 하겠습니다."

이렇듯, 그는 자신의 소원이 나중에 이뤄졌을 때 과거 힘든 시절의 초심을 잃지 않겠다고 굳게 다짐했다.

그는 동기들의 그늘에 가려 좀처럼 빛을 보지 못했다. '개그콘서트'나 '쇼 비디오자키'에서 보조 출연을 하는 등 작은 역할로 등장하긴 했지만 알려지지 않았다.

하루는 문득 친구들이 보고 싶어 학교를 찾아갔다. 대학 근처에 있는 호프집에 들렀는데, 그곳에서 아르바이트를 하고 있는 같은 과 동기 김태균(개그맨 '컬트 삼총사'의 일원)을 만났다.

"태균이는 나보다 더 할 일이 없었음에도 불구하고 밝은 표정을 잃지 않고 있었다. 넉넉한 웃음에 여유 있는 그의 말투가 내게는 큰 위안이 되었다."

그 이튿날부터 그는 김태균과 함께 호프 잔을 날랐다.

"물론 땅콩과 오징어도 날랐다. 몸은 힘이 들었지만 마음만은 편했다. 태균이와 고민을 나누고 앞으로의 계획을 얘기할 때면 기분이 좋아졌다."

하루는 김용만, 김수용, 박수홍 등 대학 개그제 동기들이 찾아왔다. 그들은 만나자마자 "너 여기서 그만두면 어떻게 하냐?"라며 의욕을 잃은 그를 채찍질하며 설득했다.

"다시 방송국으로 가서 단역이라도 열심히 하면 언젠가는 기회가 올 거야."

용기를 낸 그는 다시 방송국으로 돌아가 5분짜리 콩트를 준비했다. 세계적인 팝 스타와 국내 가수들을 흉내내는 코너였는데, 일명 '개그비전 송 콘테스트'. 김용만을 비롯한 일당 5명이 '뉴 키즈 온 더 블럭(New Kids On The Block)'으로 분장하고 무대 위로 나섰다.

"당시 10대들의 가슴에 불을 지른 아이들 '뉴 키즈 온 더 블럭'을 흉내낸다는 것은 일종의 모험이었다. 어설프고 성의 없게 준비했다가는 야유 속에서 민망함을 느낄 것이 뻔했기 때문이다."

다행히 결과는 대성공이었다. 선배들의 무대가 끝날 때까지 조용히 앉아 있던 10대들이 소리를 지르고 난리였던 것이다.

"분장실에 있던 선배들까지 무슨 일이 터진 것 아니냐며 뛰쳐나왔다. 난 평생 처음으로 관객들의 환호성 앞에 섰다. 코끝이 찡해 왔다. 1994년 '뉴 키즈 온 더 블럭'으로 처음 환호성을 받아봤다."

이후 그는 단역이지만 고정 배역을 맡게 되었다. KBS 2TV '한바탕 웃음으로'에서 '아빠와 함께 춤을'이라는 코너의 귀여운 딸 역이었다. 비교적 날씬한 몸매로 여자 목소리를 흉내내며 좌충우돌 해프닝을 벌이는 내용이었는데, 8주쯤 방영되었으나, 그 코너가 없어지는 바람에 중단해야 했다.

그 다음에는 '봉숭아 학당'이 막바지에 접어들 즈음 잠시 여성스런 학생으로 배역을 맡아 뛰었으나 반응이 신통치 않았다.

1994년 12월 23세 때 그는 방위병으로 국방부 소속 군인이 됐다.

"훈련소에 갔더니 영화배우 이정재가 있었다. 같은 연예인이라는 직업의식 때문에 서로 쉽게 친해졌다. 집도 같은 압구정동이고 해서 함께 출퇴근했다. 당시 방위 신분에 차를 타고 다니는 것은 엄두도 못 냈지만 압구정동에서 광명시까지 출퇴근하기는 너무 힘이 들었다. 그래서 정재와 나는 하루씩 번갈아가며 몰래 서로의 차를 타고 다녔다. 그러던 어느 날 내 차에서 낙서가 발견됐다. 내용은 '정재 오빠 사랑해요!'였다. 난 속으로 '음… 뭔가 착각한 것 같군' 하면서 대수롭지 않게 생각했는데 갈수록 태산이었다. 결국 하얀 내 차는 까맣게 변하다시피 했다. 낙서의 내용은 전부 정재에 관한 것들이었다. 사람들은 날 이정재 매니저로 오해한 모양이었다. 입대한 지 한 주가 지나고 '모래시계'가 방영되기 시작했는데 반응은 폭발적이었다. 부대 사람들도 '정재는 저렇게 잘나가는데 넌 뭐하니?'라는 식으로 말하니 속이 많이 상했다. 퇴근할 때도 많은 여학생들이 정재를 보기 위해 북새통이었다. 난 차라리 이정재 매니저이고 싶었다. 소집 해제 6개월을 남겨두고 이정재는 군대 홍보 영화를 촬영하는 곳으로 보직을 옮겼다. '모래시계'의 열풍은 대단했고 군부대도 '모래시계 바람'을 피해 가지 못했다. 그의 인기를 부러워하기도 하고 질투하기도 했다. 그때 들었던 말이 아직도 기억에 남는다. 영화배우와 개그맨을 비교한다는 것 자체가 개그였지만 난 절대 웃지 않았다. 오히려 내 모습이 안타까울 뿐이었다."

방위 시절, 그는 압구정에 있는 클럽에 자주 들락거렸다. 하루는 클럽에서 밤새 놀다가 차에서 제복으로 갈아입고 곧바로 출근하기도 했다.

1996년 방위 근무 소집 해제를 한 달 남겨둔 어느 날, KBS 2TV 강영원 차장에게서 연락이 와, '웃음천국'과 '코미디 세상만사'에서 단역을 맡게 됐다.

"방송에 자리매김을 확실히 한 동기생 김용만, 김국진, 박수홍 형들과 비교할 겨를도 없었다. 단지 방송을 다시 하게 돼 기쁘다는 생각뿐이었다."

1994년 말 입대부터 군 제대 후에도 장기간의 무명 시절을 보냈다. 이 시절을 떠올리며 그가 한마디했다.

"사실 그 당시 하루하루가 정말 힘들었거든. '내일 뭐하지?'가 제일 고민이었거든."

여러 프로그램에 출연했으나 그를 기억하는 사람들은 별로 없었다. 하루는 그가 이런 고백을 했다.

"한참 무대 위에서 진행을 하고 있는데 어디선가 까만 구두 한 짝이 내 얼굴을 향해 날아왔어요. 관객석을 살펴보니 취객 한 명이 '어쭈 피했어' 하며 코웃음을 치고 노려보고 있더군요. 몹시 기분이 상해 구두 한 짝을 들고 퇴장했던 적이 있어요."

이렇듯 데뷔 후 10여 년 무명 생활을 하는 동안, 힘겨운 시간, 피눈물 나는 자책과 고민을 많이 했다. 지금은 '순발력의 제왕'으로 불리는 그지만, 신인 시절에는 연출자로부터 '콩트는 되는데 토크가 안 된다'는 평가를 받기도 했다.

그런데도, 그는 틈나는 대로 미래를 열심히 준비했다.

당시를 회고하며 그는 이렇게 고백했다.

"하루하루 맡겨진 일을 하기에도 바빴고, 얼굴이 잘 생기지도 못했고 개인기도 없으며 웬만한 개그맨들은 몇 가지씩은 다 한다는 모창이나 성대모사도 못했다. 개그맨으로선 치명적인 카메라 울렁증 등등 여러 가지 콤플렉스가 굉장히 많이 있었기 때문에, 하루하루 한눈팔지 않고 열심히 살았다."

"자기 전에, 방송이 너무 안 되고, 하는 일마다 자꾸 어긋나고 그랬을 때마다 정말 간절하게 기도했다. 몇 번이라도 포기하고 싶은 마음이 들 때마다 마음을 다잡고 다시 기도를 했다."

그는 8년 동안 같은 기도를 반복했다. 다음은 그의 기도문이다.

"정말 한번만 기회를 주시면, 단 한번만 개그맨으로서 기회를 주시면, 소원이 나중에 이뤄졌을 때, 지금 마음과 달라지고, 초심을 잃고, 만약에 이 모든 것을 나 혼자 얻은 것이라 단 한 번이라도 생각한다면, 이 세상에 어느 누구보다 큰 아픔을 주셔도 단 한마디도 왜 이렇게 가혹하게 하시나요라고 말하지 않겠습니다."

그의 8년의 무명 시절을 지켜봐 온 친한 친구이자 동료인 송은이는 이렇게 말했다.
"그는 늘 잠 못 이루고 고민이 많은 사람이었다. 그의 성공은 당연한 것이다."

그동안 털어놨던 그의 고백들을 대충 정리해 보면 다음과 같다.

"20살의 나이로 '개그 콘테스트'에서 우수한 성적으로 입상해서 당시 선배 개그맨들로부터 천재라는 소리를 들을 정도였습니다. 그래서 '내 자신이 가장 웃기는 사람'이라고 생각하게 되었지만, 막상 개그맨 생활을 시작하니 방송 출연도 없고 현실과 상상의 차이를 느끼게 되었습니다. 자신의 자만심이 컸다는 것을 깨닫고 군대를 입대했습니다. 군대 전역 이후로도 8년 동안 무명 생활을 했습니다. 무명 시절 동안 수입이 없어서 20대부터 30살까지 부모님으로부터 용돈을 받고 다녔습니다."

"부모님의 사업 실패로 경제적 정신적으로 어려운 시절을 보내며 무명으로 계속 암울했던 시절에는 딱 30까지만 방송계에서 열심히 해보고 그래도 안 되면 기술이라도 배워 돈을 벌어 어떻게든 집안을 다시 일으켜 볼 생각이었습니다."

그는 무명 시절을 회고하며 이렇게 고백했다.

"무명 시절에 정육점 홍보 행사에 간 적이 있었다. 당시 무명 시절이라 일이 없었기 때문에 정육점 행사도 감지덕지라 기쁘게 갔다. 당시에는 아무도 내가 개그맨인 줄 모르던 시절이라 섭외한 정육점 주인아저씨도 적잖게 당황했을 것이다. 1시간 동안 사인회를 하기로 약속했는데 사인을 받은 사람이 달랑 두 명이었다. 약속한 금액 대신 소고기와 찌개거리를 받았다. 검은 봉지에 고기를 담아주셨는데 부끄러운 마음에 도망치듯 현장을 빠져나왔다. 언젠가 많은 분들의 사랑과 인정을 받는 날이 온다면 정말 무명 시절을 잊지 말아야겠다고 그때 다짐했다."

"무명 시절이 너무 힘들어서 개그맨을 포기할까 생각했습니다. 그때 내 손금을 봐준 선배가 양원경 씨입니다. 그는 20대 후반부터 대운이 들어온다고 말해 주었습니다."

"'토크박스'에 출연하여 천 원으로 기름 넣은 이야기, 그리고 친구 찍새 이야기 등으로 인지도를 얻게 되었습니다. 이후 무명 시절의 나를 소질 있게 본 최진실 씨가 '동거동락' PD에게 MC 자리를 추천해 주었고, 이를 계기로 'X맨'에서 '공포의 쿵쿵따'와 '해피선데이', '무한도전' 등에도 나가게 되었습니다."

처음 유재석이 '무한도전'을 맡았을 때 사람들은 다들 평가 절하했다.

"대한민국 평균 이하의 별 볼 일 없는 인간들이 모여 온갖 찌질한 도전을 무모하게 해내는 프로그램이다."

어느 날 '무한도전'의 과제는 '사람이 기차보다 빨리 달릴 수 있을까'였다. 기차가 한 대 한 대 출발할 때마다 멤버들이 사력을 다해 뛰면서 기차보다 빨리 달려보겠다고 발버둥을 쳤다.

실제로 당시 '무한도전'은 몇 번이나 폐지의 위기에 봉착했던 프로그램이었다. 유재석은 멤버들에게 하나하나 캐릭터를 부여함으로써 그들을 빛나게 해주었다.

매사에 욕심 많고 버럭대던 박명수에겐 악마라는 캐릭터를 씌어줌으로써 사람들이 악마 명수에 열광하게 하도록 했고, 정준하는 동네 바보 형으로, 가수 하하(본명: 하동훈)는 똘망똘망하고 재치 있는 이미지를 그대로 살려 친근감 있는 막내로, 정형돈은 웃기지 않는 개그맨을 그대로 살려 어색한 형돈으로, 노홍철은 돌+아이 캐릭터로 만들어 줌으로써, 그는 '무한도전' 이후 일약 스타가 되었다.

그는 자신이 빛나기보다는 함께하는 후배와 동료들을 더 잘되게 하기 위하여 그들의 특징을 하나하나 세심하게 연구했다. 그리고 그 특징들을 부각시킬 수 있는 진행을 통해 그들이 가장 멋지게 빛날 수 있는 기회를 제공해 주었다.

이런 저런 이유들로 인하여, 그는 주위의 가까운 멤버들로부터 '유느님'이란 별칭을 듣기도 했다.

유재석은 개그맨 생활을 처음 시작할 때 심형래 밑에서 일을 한 적이 있었다. 심형래는 영화를 촬영하면서 당시 무명이었던 유재석을 서찬호와 같이 데리고 다니면서 자신의 영화에 출연시켜 줬다. 그의 대표작으로 〈영구와 우주 괴물 불괴리〉(배역:초등학교 6학년), 〈티라노의 발톱〉(배역:원시인 1) 등 다수가 존재한다.

또한 유재석은 코미디언의 생활 대부분을 심형래와 행동을 같이했는데 그 당시 심형래는 영구에 이어, 파리, 지네 등 다양한 캐릭터로 코미디를 하고 있었다. 심형래가 지네 연기를 할 때 유재석은 지네의 뒷다리 배역을 맡았다. 이런 식으로 유재석은 심형래와 짧지 않은 시간 동안 함께했다.

1997년 김진홍 PD는 당시 잘나가던 KBS '코미디 세상만사'의 코너인 '남편은 베짱이'에서 직업도 없고 약간 상식도 없는 베짱이 같은 남편 역할을 유재석에게 맡겼다.

이게 유재석의 첫 고정 출연 배역이었다. 이를 계기로 그는 비로소 자신의 얼굴을 전국에 알리며 무명의 서러움에서 서서히 탈피하기 시작했다. 훗날 그는 이렇게 회고했다.

"검증되지 않은 신인이나 다름없는 나에게 코너를 맡긴다는 것 자체가 당시로서는 모험이었다. '여기서 연기력을 인정받지 못하면 더이상 내가 설 땅은 없었다. 무조건 웃겨야 한다.' 누군가 코미디를 고통과 눈물의 미학이라고 했다. 웃음의 제조 성분이 눈물이라는 것은 겪어본 사람이라면 누구나 안다. 소위 천부적 재능이 없는 나로서는 철저한 준비와 노력이 없다면 발붙이기 힘든 곳이 방송이라는 생각이 절실히 들었다."

나중에 그는 이렇게 고백했다.
"개그맨이 되려고 노력한 것은 나였지만 개그맨 타이틀을 확실히 붙여준 분은 바로 김진홍PD였다."
이 무렵 그에 대해 이런 말들이 오갔다.
"신인 시절 KBS 2TV '연예가 중계'에서 리포터로 활동하던 중 카메라 울렁증으로 대사를 심하게 버벅거렸고, 얼굴에 긴장하고 있는 표정이 다 드러나 있었다."
"그가 브라운관에 정착하게 된 것은 PD들이 꾸준히 신뢰해 방송에 내보낸 덕도 컸다. 그 이유는 '사석에서는 웃겨서'였다. 그는 카메라 울렁증 때문에 방송에선 제대로 웃기기 힘들었지만, 사석에서는 달랐다."
이에 대해 그가 한마디했다.
"개그맨은 대부분 적극적인 성격을 가졌으리라고 생각할지 모르지만 난 낯을 무척 가리는 편이다."

1990년대 후반 최고의 인기를 구가했던 토크 쇼인 KBS '서세원 쇼' 중 가장 인기 있는 코너였던 '토크 박스'에서도 그의 카메라 울렁증은 별로 나아지지 못했다.

심한 울렁증 때문에 시선을 한곳에 못 맞추고 손을 벌벌 떨면서도 그는 친구 찍새와의 에피소드 등을 무명 시절부터 꾸준히 다져온 그만의 재치와 입담으로 맛깔스럽게 풀어냈다.

'토크박스' 역대 결산 왕중왕에서 그는 토크왕 1위를 당당히 차지하여, '유재석'이라는 자신의 이름을 대중에게 또렷이 각인시켜 놓았다. 그 이후, 그는 서서히 인기 스타로 부상했다.

당시를 그는 이렇게 회고했다.

"어느 날 KBS 2TV '서세원 쇼'에서 연락이 왔다. 여러 패널들을 한자리에 모아놓고 말솜씨를 겨루는 '토크 박스'라는 코너에 출연해 달라는 요청이었다. 처음엔 두려웠다. 거기서 행여 실수라도 해서 그나마 있는 자리마저 날리고 망신을 당하면 어떻게 하나 하는 생각에 밤잠을 설쳤다. 다음날 녹화장에서 내가 풀어놓은 얘기는 고교 시절 친구 '찍새'와 겪었던 웃지 못할 해프닝, 이른바 '끓어' 사건이었다. 대학 시절 찍새와 나는 어떤 해변으로 피서를 갔고 거기서 라면을 먹기로 했다. 찍새가 라면을 사러 가고 나는 물을 끓였다. 그런데 아무리 시간이 지나도 찍새는 올 줄을 몰랐다. 물은 이미 쫄아 버리고 잔뜩 화가 나 있는데 난데없이 섹시한 두 명의 아가씨들이 다가왔다. '우리랑 놀지 않을래요?'라고 묻는 말에 꿈인가 생시인가 했다. 그래서 나는 그들을 따라갔다. 텐트에 가서 라면도 먹고 재밌는 얘기도 하고… 상상의 나래가 펼쳐졌다. 하지만 그들은 자꾸만 이상한 곳으로 나를 데려갔다. 나는 슬슬 걱정이 되기 시작했다. 두 아가씨가 나를 데려간 곳은 해변에서 한참 떨어진 인적 드문 산기슭이었다. 그곳에는 이미 6

명의 여자들이 있었다. 나를 데려온 이들이 표정을 싹 바꿔 째려보기 시작했다. 그리고 대장쯤 되는 여자가 날 보며 외쳤다. '꿇어!' 나도 모르게 다리에 힘이 풀리며 꿇어앉았다. 하지만 공포감에 휩싸인 와중에서도 웃음을 참을 수가 없었다. 저쪽 구석에서 열심히 라면을 끓이고 있는 찍새의 모습을 발견했기 때문이다. 우리는 우여곡절 끝에 그들에게서 풀려나 서울로 무사히 돌아왔다. 이 얘기가 나간 후 부쩍 나를 찾는 이들이 많아졌다. 여기저기 얼굴을 내밀며 점차 인기를 쌓아가게 됐다."

'서세원 쇼'에서 인기를 얻자, 그는 아예 메뚜기 분장을 하고 등장하여, 생김새를 빗댄 부정적인 닉네임을 전면에 내세웠다. 말 그대로 '메뚜기도 한철'이라는 모멘텀(한 방향으로 지속적으로 변동하려는 경향)을 만들기 위해 최선을 다했다.

여기서부터 그의 성공 신화가 출범했다. 그 후 지금까지 그가 보여준 어릿하고 약삭빠르지 못한 캐릭터는 오히려 대중의 감성을 우호적으로 이끌어내는 데 기여했다.

이때를 떠올리며 그가 말했다.

"'슈퍼TV 일요일은 즐거워' 드림 팀의 일원으로 뉴질랜드를 찾았을 때였다. 다른 일행들과는 다른 유니폼을 입고 나와 놀림감이 되질 않나, 장대높이뛰기를 할 때 수직으로 올라갔다가 수직으로 매트에 얼굴을 들이받아 세계적인 명장면을 연출했다는 소릴 듣지 않나, 방송용치고는 너무나 어설픈 모습을 미련 없이 보여줬다. 이후 '자유선언! 오늘은 토요일'을 통해 '메뚜기'라는 별명으로 고정 출연하게 됐다. 개그맨 정선희가 김석윤 PD에게 던진 '특정 곤충을 닮지 않았냐?'는 질문에 즉석에서 메뚜기로 변신하게 됐다. 지방 촬영을 갈 때 짐에 메뚜기 탈을 직접 챙겨 다니는 것이 남 보기 무척 창피했고 그냥 그만둘까 하는 생각도 많이 했었다. 당시는 메뚜기라는 이름을 붙여준 이들이 하염없이 미웠지만, 지금은 그렇게 고마울 수가 없다. 날 생각해 준 이들을 위해서라도 '한철 메뚜기'가 되지 않기 위해서 열심히 웃겨야겠다. 지금도 '아! 메뚜기다'라는 말을 들을 때 짜릿함을 느낀다."

하루는 '자유선언! 오늘은 토요일'에 출연하고 있을 때였다. 세종대학 리듬 체조단을 찾아가 함께 배워 보는 코너를 녹화하고 있었는데 그때 그는 체조복이 없어 레이스 달린 거들을 입고 춤추었다. 한참 동안 리듬 체조를 하며 다리를 찢고 있던 그가 갑자기 쓰러졌다. 이 모습을 지켜본 매니저 김종석은 그때의 상황을 이렇게 떠올렸다.

"미녀들 틈에서 떨리기도 했겠지만 형은 개그맨인지라 난 '또 여자들한테 눈길 끌려고 그러나보다' 하며 아무렇지도 않게 생각했다. 형은 나에게 '종석아~ 죽겠어!'라며 소리를 질렀다. 결국 그날 앰뷸런스가 와서 형을 실어갔다. 워낙 긴장한 탓에 다리에 쥐가 나서 쓰러졌다고 한다. 아마 카메라 때문만은 아니었을 거다. 늘씬한 미녀들 사이에 서면 긴장하는 것이 당연했을 듯하다."

MC를 맡기 전에는 아직 그만의 팬 카페도 없었다. 어느 정도 이름이 알려졌을 때 팬 사인회를 가졌다. 팬들이 가져온 현수막에 '유재석'이 아닌 '유제석'이 쓰여져 있었다.

방송 초기에 그는 카메라 울렁증이 있었고 항상 애드립이 부족하여 밤을 세워가며 연습하고 또 연습했다. 바쁜 와중에도 짬을 내어 게스트에 대한 정보를 조사하고 공부하여 그들의 춤, 노래를 항상 알고 따라하는 피나는 노력을 거듭했다.

점차 인지도를 높여가며 예능계에 자리를 잡아가던 중, 자신의 연예 인생에 첫 메인 MC를 맡게 되는 운명적인 예능 프로그램을 만나게 됐다.

바로 MBC '목표 달성 토요일' 중 '스타 서바이벌 동거동락'이었다. 그가 MC로서 널리 이름을 알리게 된 것은 바로 이 프로그램의 MC를 맡고 난 후부터였다.

이 프로그램은 인기 스타들을 한방에 몰아넣고 하룻밤을 지새우게 하며 진행했던 초유의 프로그램이었다. 꾸미고 계산되지 않은 방송이 만들어지기까지 그는 장난꾸러기 후배와 짓궂은 선배들 틈에서 MC로서 방송 분위기가 가라앉지 않도록 쉴 새 없이 말을 이어가며 분위기를 배려해 주고, 직접 경기에 동참했다. 일인 다역을 소화해 냈던 것이다.

이는 나중에 여러 명의 연예인들이 팀을 이뤄 미션을 이행하고 볼거리를 만들어 내는 '1박 2일', '무한도전' 등과 같은 버라이어티 포맷의 원조가 되었다.

이 프로그램이 기획된 2000년 당시 인지도가 그다지 높지 못했음에도 불구하고 그는 공중파 예능 프로그램의 메인 MC로 발탁되었는데, 그 뒷배경에는 이유가 있었다.

탤런트 故 최진실 씨가 그를 강력히 추천해 주었던 것이다. '스타 서바이벌 동거동락'을 기획할 당시 담당 PD가 MC를 누구로

해야 할지 고민하고 있었을 때, 최진실은 이렇게 귀띔해 주었다.

"메뚜기(유재석의 별명)라는 개그맨이 있는데, 너무 재밌어요. 새로 하는 프로그램이 있으면 한번 MC로 기용해 보세요."

당시 '목표 달성 토요일'은 유재석이 진행하는 '스타 서바이벌 동거동락' 외에도 'god의 육아일기', '악동클럽' 등의 타 코너들이 있었는데 모두 엄청난 인기를 얻게 되었다. 그리하여 명실상부 '2000~2001년 겨울 시즌' 최고의 예능 프로그램으로 기록됐다.

'스타 서바이벌 동거동락'의 경우 출연진들의 성향을 배려하는 한편, 적절한 타이밍에 망가져 주면서 분위기를 살리는 유재석만의 스타일인 '배려형 MC' 캐릭터를 마음껏 발산한 첫 프로그램이었다.

동료들이 얘기할 수 있게 분위기를 유도하고 그 속에서 재밌는 부분을 찾아내 강조해 주며 유쾌한 웃음을 주는 식이었다. 놓칠 수 있는 작은 부분이라도 찾아내고 반응이 없는 얘기도 유쾌하게 살려내 웃음을 주는 '어머니' 같은 진행이 점차 인정받게 된 것이다.

인기의 여세를 몰아 그는 2000년 MBC 연기대상 MC 부문 특별상을 거머쥐었다.

2001년 '슈퍼 TV 일요일은 즐거워'에도 고정으로 출연했는데, '사랑의 쌀 나누기' 코너에서 무의탁 노인들에게 쌀 배달을 갔다가 그곳에서 할머니에게 지금의 당신의 처지를 듣고 눈물을 펑펑 흘렸다. 그 뒤 몰래 개인적으로 밑반찬류를 잔뜩 싸서 다시 찾아가 할머니에게 드렸다.

2003년 말, 강호동, 김제동과 함께 KBS '해피투게더'와 SBS의 예능 프로그램인 '실제 상황 토요일의 X맨'의 MC를 맡게 되면서 다소 막나가는 컨셉에서 탈피하여, 많은 사람들에게 호감을 얻을 수 있는 편한 이미지로 컨셉을 바꾸었다.

그는 MBC에서 맡은 '느낌표'의 '책책책, 책을 읽읍시다!'로 2005년 MBC 연예대상 쇼 버라이어티 부문 최우수상을 꿰찼다. 또한 '슈퍼 TV 일요일은 즐거워', '진실게임' 등의 MC를 맡으면서 능력을 인정받게 되었다. 그리고 MBC의 토크 쇼 프로그램인 '놀러와'에서 배우 김원희와 함께 공동 MC로 투입되어 본격적인 예능계의 스타로 떠올랐다.

한편, 유재석이 MC를 맡은 몇몇 프로그램들은 큰 빛을 보지 못하고 폐지되는 수모를 겪기도 했다.

2005년 MBC '강력추천 토요일'의 코너 '무모한 도전'을 맡게 됐다. 초창기엔 고전을 면치 못했다. 당시 교육 오락 프로그램인 '스펀지'와의 경쟁에서 밀렸기 때문이다. 그런데 '강력추천 토요일'의 '무한도전-퀴즈의 달인'으로 프로그램 포맷이 변경되면서부터 프로그램의 인지도가 차츰 높아졌다.

이에 힘입어 2006년 5월 6일부터는 '무한도전'이라는 독립 프로그램으로 편성되었다. 이때부터 그는 메뚜기에 이어 국민 MC라는 별칭을 얻게 됐다.

이 프로그램에서 그는 각기 다른 5명의 개성을 지혜롭게 하나로 모아 꾸려갔다. 박명수, 노홍철 등이 비난을 하거나 문제를 일으키면 조용히 다가가 응징을 했고, 정형돈, 정준하 등 말솜씨가 상대적으로 뒤처지는 인물은 살려 주어 전체적인 조화를 이뤄 나갔다.

이렇듯 '무한도전'의 나아갈 방향을 분명히 세워 놓고 그 방향을 향해 줄기차게 나아가는 선장 역할을 묵묵히 해냈다.

'무한도전' 뉴욕 촬영 때였다. 유재석이 새벽에 가수 길과 함께 배가 고파서 간식 사러 나왔다가, 오디오 팀의 막내 스탭이 테이프 교체 때문에 대기하다가 1층 마룻바닥에서 새우잠 자는 모습을 보고 '막내 스탭까지 챙기지 못한 자신이 오히려 미안하다'며 길과 함께 막내 스탭을 부둥켜안고 펑펑 울었다.

하루는 '무한도전'의 서해안 고속도로 가요제가 끝나고 텅 빈 객석에서 그가 노래 한 곡을 불렀다. '말하는 대로', 이 노래에는 그의 20대가 고스란히 담겨 있었다.

"불안한 잠자리에 누울 때면 / 내일 뭐하지 내일 뭐하지 걱정을 했지 / 두 눈을 감아도 통 잠은 안 오고 / 가슴은 아프도록 답답할 때 / 난 왜 안 되지 왜 안 되지 되뇌었지."

'무한도전'을 계기로 인기 급성장한 그는 '해피투게더 시즌3', '패밀리가 떴다' 등에 출연하면서 대한민국 예능계에서 최고의 MC로서 입지를 튼튼히 굳혀갔다.

1년 8개월 동안의 방영을 끝으로 '패밀리가 떴다'를 떠난 뒤, 그는 2010년 '런닝맨'으로 SBS 예능 프로그램 메인 MC로 다시 복귀했다. 하지만 '런닝맨'은 자리를 잡지 못해, 힘겨운 시간을 보내야만 했다.

시청률이 KBS 2TV '1박2일'을 넘어서기에는 너무나 힘겨워 보였다. 유재석의 위기론과 한계론이라는 말이 나오던 즈음 그는 제작진과 함께하는 멤버들을 다독이며 시청률에 연연하지 말고 우리만의 색깔을 찾아가자며 오히려 용기를 북돋워 주었다.

연말 시상식에서 '런닝맨' 제작진들이 상을 수상할 때 가장 먼저 유재석에게 감사를 할 정도로 그들에게 유재석이라는 존재는 단순한 출연진 이상의 멘토와 같은 존재였다.

한번은 '런닝맨' 녹화가 끝나고 스태프들마저 미리 치우지 못하고 간 자리를 그는 몸소 치웠다. 땅바닥에 떨어진 얼음까지 손으로 쓸어 담아 쓰레기통에 버리고 게임을 하다 파헤쳐 놓은 흙더미까지 정리했다. 차도로 뛰어드는 게스트들을 인도로 가야 한다며 이끄는 등 리더십을 발휘하여 통솔까지 했다.

이러한 리더십과 솔선수범과 봉사, 그리고 모든 것을 나에게 맡기라는 식의 빛나는 카드가 없었다면 지금의 '런닝맨'이 한국을 넘어 해외까지 알려져 이토록 인기 있는 프로그램의 자리를 확보하기란 어려웠을 것이다.

유재석은 게스트의 썰렁한 농담으로 분위기가 다운되면 순발력 있는 애드리브나 박장대소로 어색한 분위기를 반전시켜 주었다. 소외된 게스트가 있으면 일부러 질문을 던져 꼭 챙겨주곤 했다. 슬럼프에 빠졌던 정준하나 박명수를 정상으로 회복시켜 주었고 길과 정형돈까지 잘 이끌어 주었다.

'런닝맨'에서 힙합퍼 개리와 김종국 등이 초반에 예능이 처음이라 어찌할 바를 몰라 안절부절못하고 있을 때 유재석이 던진 말은 바로 이것이었다.

"그냥 하고 싶은 대로 마음껏 하면 돼. 뒷수습은 내가 다 할게."

하루는 그가 이렇게 말했다.

"'내가 말을 하는 것보다 다른 사람의 말을 듣는 게 중요하다'는 것을 뒤늦게 깨달았다. 카리스마는 나에게는 맞지 않는 옷이다. 부드러움으로 진행을 매끄럽게 하고 출연자들을 돋보이게 하려고 노력한다."

"옛날에는 내가 최고로 웃기고 싶었다. 하지만 이제 다른 사람이 잘 웃길 수 있게 만들어서 우리 프로그램 전체를 재밌게 만들고 싶다"

박미선은 유재석의 친화력에 대해 이렇게 평했다.

"그는 자기가 웃길 거 다 웃기면서도 모든 게스트에게 질문을 고루 나눌 만큼 출연자들을 챙긴다."

이를 종합한 그에 대한 평가는 대략 이러하다.

1. 겸손과 배려라는 덕목으로 확고한 리더십을 구축했다.

2. 출연하는 게스트들에 대해 철저한 사전 조사를 하여 암기해 둔다.

3. 게스트와 출연진을 편하게 해줘 프로그램의 기획 의도를 최대한 살려 준다.

4. MC인지 게스트인지 구분이 잘 가지 않는 선에서 진행한다.

5. 앞으로 나가 개인기를 보여주거나 재담을 늘어놓는 것이 아

니라, 게스트가 이야기하면 그쪽으로 몸과 고개를 돌리고 이야기에 몰입한다.

6. "그래서 어떻게 됐어요?" 등의 표현으로 상대방의 말을 계속 유도한다.

7. 우스운 이야기가 나오면 가장 요란하게 웃는다.

8. 심각한 이야기가 나오면 장난기와 웃음을 순간적으로 거둔다.

9. servant(하인) 리더십으로 프로그램에 나온 게스트들을 받들어 주고 편안하게 나아갈 수 있게끔 도와준다.

10. 지시하고 가르치는 것과 같은 일방적인 흐름에 의존하지 않고 역동적인 상호 작용을 통해 출연자들을 돕는다.

11. 프로그램 게스트들에 대한 장단점 등을 파악해 그에 맞게 프로그램을 진행해 나간다.

12. 프로그램에 첫 출연을 하는 신인이 나왔을 때 신인 가수면 노래 등을 외워서 직접 불러주고, 배우의 경우에는 출연작 등을 줄줄이 나열해 준다.

13. 피드백의 제공, 동기 부여, 효과적인 질문, 그리고 각자의 준비 정도에 따라 스타일을 의식적으로 조절하는 등의 기술들을 이용한다.

혹자는 그의 8대 최종 병기를 이렇게 언급하기도 한다.

"주변인을 포용하는 부드러운 카리스마, 모든 출연진을 배려하는 진행, 정준하와 박명수의 캐릭터를 감쪽같이 따라하는 천부적인 모사 신공, 후배들을 비롯해 일반인들까지 알아주는 선행 실화, 결혼하여 아이 아빠가 되었는데도 흐트러짐 없는 탄탄한 몸, 나이가 들었으면서도 노화는커녕 진화하는 얼굴, TV 프로그램 외 언론 노출을 줄인 이미지 과잉 방지, PD 못지않게 직접 기획 회의를 진행하는 적극적인 성실함."

그는 MBC 아나운서인 나경은과 2008년 7월 6일에 결혼했다. 슬하에는 2010년 5월 1일 태어난 아들 유지호가 있다.
'얼굴에 빨래집게 많이 물리기' 한국 최고 기록 보유자인 그는 2009년에 대한 체육회 봅슬레이 선수로 등록되기도 했다.

국민 MC의 자리에 올라서서도 그는 여전히 초심을 잃지 않았다. 그는 한 프로그램을 위해 모든 체력을 쏟아부으면서도 다시 다음 프로를 위해 링거를 맞고 일어섰다.

그는 2005 KBS 연예대상 대상, 2006 MBC 연예대상 대상, 2007 MBC 연예대상 대상, 2008 SBS 연예대상 대상, 2009 MBC 연예대상 대상, 2009 SBS 연예대상 대상, 2010 MBC 연예대상 대상을 수상했다.

2011 SBS 연예대상 대상 수상 소감 중에 그는 현재까지 줄곧 함께 달려온 동료뿐만 아니라 예전에 함께하다가 그만둔 사람들의 이름까지도 잊지 않고 언급해 주었다.

"힘든 시기에 고생만 하다가 간 리지와 송중기에게도 정말 감사합니다. 한마음 한뜻으로 뭉친 멤버들에게 이 영광을 돌립니다. 혼자서는 아무 것도 할 수 없다는 것을 다시 한번 느낍니다."

그는 출연진, 스텝뿐만 아니라 팬들에게도 매너가 좋은 것으로 소문이 자자하다. 그는 사인을 부탁했는데 거절당한 시민이나 팬들이 있으면 그들을 대신해서 연예인 사인을 받아주기도 하고, 방송 녹화가 끝나면 일반인 출연자에게 먼저 다가가 기념사진을 찍어주는 배려도 한다.

술을 전혀 못하지만 술자리에서 분위기를 맞추기 위해 늘 노력한다. 항상 진심과 정성을 다해 사람들을 대한다. 또한 그는 대기실에 익숙하지 않은 신인 출연자에게 먼저 다가가 좋은 얘기를 건네주곤 한다. 그리고, 녹화 들어가기 전에 유재석은 카메라 감독 한 사람 한 사람에게 매번 살갑게 다가가 먼저 인사한다. "아유~ 수고하십니다"라며 악수를 건넨다.

대기실에서 도시락을 먹다가도 주변에 식사를 거른 스태프가 있는지 살피며 자신의 도시락을 내밀기도 한다. 그는 동료 연예인의 결혼식장에서 기자들의 요구에 메뚜기 춤을 추기도 한다. 비록 힘들 수 있지만 그를 좋아하는 대중들을 위해 스스로 망가지는 것을 흔쾌히 한다.

다음은 한 아이가 들려준 그에 대한 일화다.

"저희 학교 체육 선생님이 11월 29일 날 그러니까 저번 주 수요일에 유재석 씨가 진행하는 '진실게임' 촬영을 하러 갔대요. 근데 유재석 씨가 유명하잖아요. 애들한테 말하니까 애들이 막 싸인 받아달라고 그랬대요. 그래서 애들이 꾸민 싸인 용지를 가지고 녹화하러 가셨대요. 녹화가 끝난 뒤 유재석 씨한테 그 용지를 드리면서 싸인 좀 해달라고 그랬대요. 그 양이 되게 어마어마했다고 하네요. 얼마나 귀찮으시겠어요. 보통 아이돌 그룹 분들이라면 안 해주실 것 같은데, 유재석 씨가 하는 프로그램이 한두 개가 아니라서 바쁘실 거 아니에요. 근데 유재석 씨가 체육 선생님한테 '기다리기 힘드실 테니까, 제가 다 해드려서 학교로 택배 보내겠다'고 했대요. 택배는 이틀 후인 금요일 날 도착했다고 하네요. 이름도 하나하나 다 쓰시구. 한두 명도 아닐 텐데 팬 싸인회두 아니구, 얼마나 힘드셨을까요? 그걸 체육 선생님한테 들었는데 '역시 유재석'이라는 생각이 들더군요."

하루는 영화배우 황정민이 대뜸 그에게 물었다.

"한번쯤 일탈을 꿈꾸고 싶지 않나요? 그럴 의향이 있나요?"

그때 유재석이 아주 시큰둥한 표정으로 즉시 말했다.

"No!"

다음은 연극배우 겸 영화배우 손병호의 한마디다.

"유재석은 출연자들의 예능감을 살려내는 데 탁월하다."

손병호는 다른 방송에 출연해 손병호 게임 이야기가 나오면 유재석에게 고마운 마음을 항상 전하곤 했다.

"내가 게임 하나를 예능에서 선보였을 때 이를 재미있게 받아준 사람이 바로 MC 유재석이었다. 유재석은 즉석에서 제작진과 출연자들에게 '손병호 게임으로 부르자'고 제안을 했고 이는 받아들여졌다. 유재석의 설득과 배려 한마디가 나를 게임의 창시자로 만든 셈이다."

어느 날, 가수 김종민이 한 방송사와 인터뷰를 했다.
"내가 예능 프로에 잘 적응할 수 있게 된 것은 유재석 씨의 영향이 크다. 처음 예능 프로에 출연했을 때에는 어떻게 해야 될지 몰랐는데 유재석 씨가 방송 중간에 쉴 때나 프로그램 진행 중에 다가와 먼저 말을 걸어주고 편안한 마음을 유지할 수 있게끔 배려해 줘서 예능 프로에 쉽게 적응할 수 있게 도와주었다."

어려웠던 시절이 있었기에 유재석은 요즘도 끊임없이 후배들에게 도움을 주고 있다. 하루는 MC를 꿈꾸며 유재석을 보기 위해 무작정 달려온 일반인 박현도에게 바쁜 시간을 쪼개 40분 가량 꿈을 잃지 말라는 희망을 주고 돌아갈 차비 20만 원을 건네주기도 했다.

유재석의 후배 사랑에 대한 기사가 나왔다. '춘드래곤'으로 알려진 개그맨 김영춘이 유재석에 대한 고마움을 자신의 미투데이를 통하여 알렸다. 김영춘은 이렇게 말했다.
"'무한도전-하나마나' 녹화에서 박명수와 함께 짝퉁 지드래곤으로 변신해 '바람났어' 무대 행사를 했다. 녹화를 끝내고 인사를 하고 집에 가려고 일어서는데, 유재석이 잘 가라고 악수를 건네주었다. 그런데 손을 잡으니 나의 손에 수표 2장(20만 원)을 쥐어 주면서 웃으며, '이거 차비하고, 영춘아 열심히 해!'라고 말을 해주었다."

이처럼 유재석의 후배 사랑은 지극하다. 방송 중에 갑작스럽게 개그맨 송중근에게 결혼 선물로 냉장고를 약속했는데, 실제로 결혼식 날 냉장고 값을 통장으로 입금해 주었다.

유상엽은 유재석이 MBC 방송국 코미디언실에 벽걸이 TV를 기증한 사연을 밝혔고, 배우 박시연, 개그맨 정태호와 이승윤, 방송인 김지선, 뉴이스트 멤버 백호(가수) 등도 입을 모아 그의 선후배, 동료 사랑을 칭찬했다.

걸그룹 '애프터스쿨'의 가수 리지(본명: 박수영)는 강호동과 이승기가 진행하는 '강심장'에 출연해 이렇게 말했다.

"유재석에게는 배울 것이 많다. 예능 프로그램 '런닝맨'에 나갔을 때 유재석은 게스트의 말과 동작을 반복해서 살려줘 기쁘게 해주었다. 그리고 유재석은 남을 비하하면서 웃기는 것이 아니라 자신을 낮추면서 재미와 웃음을 준다."

송중기도 한마디했다.

"'예능신' 유재석의 남자다움과 배려가 고마웠다."

그가 출연 중인 한 프로그램의 예능 국장은 이렇게 말했다.

"프로그램 포맷이 오래돼 전체적인 개편을 구상 중이지만, 다른 MC 전체를 바꿀지라도 유재석과는 꼭 같이 가겠다."

최양락은 자신의 자서전 〈두말할 필요 없이, 인생은 유머러스〉에서 이렇게 말했다.

"유재석은 입 한 번 열지 못하는 게스트가 있으면 어떻게 해서든 이야기 속으로 끌어들인다. 게스트를 민망하게 하거나 난처

하게 하지도 않는다."

박근혜는 2007년 강북 희망 포럼 창립총회 특강에서 이렇게
언급했다.
"유재석은 다른 사람을 지배하고 군림하는 사람이 아니라 섬
기고 봉사하는 리더십을 가졌다. 정치인들이 이를 배워야 한다."

그의 매니저 김종석은 그에 대해 이렇게 언급했다.
"재석 형은 스스럼없는 성격은 아니다. 연예인이라는 직업에
비춰볼 때 넉살이 그다지 좋지는 않았다. 하지만 지금은 많이 고
쳤다. 자신이 하고 있는 일을 사랑하고 즐기는 형의 모습은 정말
따르고 싶은 생각이 절로 날 정도다. 그의 장점은 소탈한 성격이
다. 함께 일 하면서 내게 까탈스럽게 굴었던 적이 한 번도 없었
다. 그리고 알면 알수록 은근한 성격이 빛을 발한다. 한마디로 '
진국'이다."

KBS 2TV '승승장구'에서 하하는 이렇게 고백했다.
"유재석 형은 나 자신보다 더 소중한 사람이다. 2005년 내가
극심한 슬럼프를 겪고 있던 시기에 전혀 친분이 없던 유재석 형
이 친근하게 말을 걸어 내게 힘을 줬다. 아직도 그때의 고마움을
잊지 않고 있다."

진정성 있는 스타로 인정받고 있는 유재석은 선행도 많이 하고
있다. 그는 남몰래 불우이웃 돕기를 한다. 수년 전부터 매년 꼬
박꼬박 기부를 하고 있다. 한사코 외부에 알리지 말라고 하며, 그

는 꾸준히 불우이웃 돕기 기관, 복지 단체에 선행을 베풀고 있다.

그는 안티가 없기로도 유명한 연예인 중의 한 명이다. 유재석 안티 카페를 개설한 사람은 유재석의 팬이었다. 안티 카페를 만든 이유도 의외였다.
"아무도 안티 카페를 만들지 않았기 때문이다."

그는 모든 분야에서 만능일 것 같지만 의외로 '성인 개그'에 약하다. MBC '놀러와'에 출연한 정선희가 "유재석에게 '아기병'이 있다"고 말하기도 했다. 청산유수처럼 말을 이어 가다가도 성인용 대화가 나오는 순간 그는 어쩔 줄 몰라 한다.
실제로 그는 '놀러와'나 KBS2 '해피투게더'에서 '19금'의 기미만 보이면 대본 뒤로 얼굴을 숨기고 부끄러워했다. 이른바 '섹드립' 제왕인 신동엽과 정반대로, 그의 유일한 약점이기도 하다.

대학 동창인 개그맨 남희석은 KBS 2TV '해피투게더 시즌3'에 출연해 이렇게 말했다.
"유재석은 학창 시절에 여자에 관심이 너무 없어 자웅동체인 줄 알았다."

유재석은 술 담배 하지 않고 지석진, 김용만, 표영호 등과 함께 오로지 밀크셰이크 한 잔으로 동이 틀 때까지 수다를 떠는 '조동아리' 모임에 속해 있다.
하루는 그가 이렇게 말했다.

"웃음이란 게 곰곰이 생각해 보면 신기한 생리 현상이다. 남을 웃긴다는 것도 참 신기하다. 풀리지 않는 신비다. 하지만 한 가지 확실한 것은 웃고 살면 그만큼 젊게 살 수 있다는 사실이다. 사람이 찡그릴 때는 43개의 근육을 사용하고 웃을 때는 18개만 사용한다고 한다. 웃고 살면 그만큼 얼굴에 주름도 덜 진다. 그러니 여러분 웃고 삽시다! 남을 웃길 때 느끼는 기쁨은 다른 어떤 것보다 내겐 값지다. 마치 땀을 흘리며 산에 올라가 정상에 서서 지평선을 향해 소리를 지르는 듯한 느낌을 얻게 된다. 그 과정에서 얻는 느낌도 만족스럽다. 길거리를 다닐 때 만나는 사람들이 나를 알아봐주고 좋아해 준다는 사실이 너무 기쁘다. 끊임없이 노력하지 않으면 이들을 잃을지도 모른다는 사실이 불안하긴 하지만 그래도 좋다."

어느 날 그는 자신이 존경하는 사람들에 대해 이렇게 언급했다.
"내가 지금껏 만난 사람들은 모두 존경할 만한 점이 있었다. 그들을 모두 나열한다는 것은 불가능하지만 몇 명 말하고 싶다. 그 중에서 주병진 선배를 먼저 들고 싶다. 그의 개그맨으로서의 자질을 높이 평가하기 때문이다. 어설프게 웃기려는 '이상하고 괴기한 분장' 없이 넥타이에 양복을 입고 나와 촌철살인의 멘트로 좌중을 휘어잡는 주병진 선배의 모습에 감동을 받았다. 개그맨의 가장 기본이 되는 위트를 언제든 꺼내고 싶을 때 꺼내 활용할 수 있는 선배가 부럽다. 또한 개그맨뿐 아니라 사업가로도 성공한 점도 존경의 이유다. 사실 연예인들은 방송이 아닌 다른 분야에 뛰어드는 것에 대한 상당한 불안감을 갖고 있다. 이를 극복할 수 있었던 선배가 훌륭하다고 생각한다. 또한 이홍렬 선배를 존경한다. 언제나 성실하며 인기 있다고 으스대지 않는 선배의 모습을 후배들은 본받아야 한다고 생각한다. 이성미 선배도 빼놓을 수 없는 인물이다. 이성미 선배는 일단 웃긴다. 하지만 그것을 떠나 그의 마음 씀씀이에 감동받지 않은 후배가 없을 정도다. 희극인실이나 분장실의 구석자리에 앉아 당장 내일을 걱정하는 후배들을 다독거리며 자상하게 말을 건네주는 선배의 모습은 정말 보기 좋다. 그러고 보니 내가 존경하는 인물은 다들 개그맨이다. 그리고 이 분야에서 뚜렷하게 자리매김한 사람들이다. 나도 그들처럼 되어야겠다는 생각을 늘 하고 있기 때문에 미래의 내 모습도 영원히 개그맨이 아닌가 싶다. 난 자신 있게 '다시 태어나도 개그맨이 되고 싶다'고 말할 수 있다."

그리고 이렇게 덧붙였다.

"힘이 들거나 지치고 피곤할 때마다 나는 날 위해 고생하신 어머니를 떠올리며 한강 고수부지를 찾는다. 거기서 새벽녘의 강을 바라보며 편안함을 되찾곤 한다. 가끔씩은 내 진지한 분위기에 맞지 않는 민망한 장면도 목격하곤 하지만 개의치 않고 차분하게 고민한다. 차 유리창이 뽀얗게 변할 정도로 시간이 흐를 때까지 '어떻게 살아가야 하나'를 생각하다 보면 어느새 아침이 곁에 다가와 있다."

'무한도전'에서 함께 호흡을 맞추고 있는 하하는 이렇게 말했다.
"재석이 형은 사생활이 없다. 한번은 '저는 술이라도 마시고 친구들과 즐기기도 하는데, 형은 무슨 낙으로 살아가냐'고 물었더니 결국은 방송이더라. 그는 시청자들에게 웃음을 주기 위해 노력을 많이 한다. 책도 정말 많이 읽고, 제작진이 해야 할 고민들까지 함께 남아서 밤을 새워 회의하는 열정. 그 열정은 대한민국 최고라 할 만하다."

〈유재석의 성공 DNA〉

1. 자신이 말을 하는 것보다 다른 사람의 말을 들어 주었다.
2. 부드러움으로 방송 진행을 매끄럽게 하고 출연자들을 돋보이게 하려고 노력했다.
3. 항상 예의바르게 말하고 행동했다.
4. 한결같은 겸허한 태도를 지녔다.
5. 인간 자체에 대한 존중심을 가졌다.
6. 자신의 위치가 한 단계 올라갈수록 자신의 나사를 더욱 세게 조였다.
7. 최고의 MC로서의 특권 의식이나 선민의식도 없이 사람들에게 다가갔다.
8. 언제나 혼신의 힘을 다해 방송에 임했다.
9. 자기 자신의 통찰력과 철학을 가졌지만 주변 사람들에게 자신을 낮출 줄 알았다.
10. 방송에 대한 욕심 외엔 다른 것을 쳐다보지 않았다.
11. 평범함 속에 있는 편안함으로 다가갔다.
12. 한발 물러나 상대를 세심하게 배려했다.
13. 절대로 꿈을 포기하지 않았다.
14. 착했다.
15. 몸을 아끼지 않는 열정을 갖고 임했다.
16. 실패하더라도 남의 탓으로 돌리지 않았다.
17. 하나의 성공 뒤에 또 다른 미래를 준비했다.
18. 따뜻한 인간미를 잃지 않았다.
19. 모든 일에 최선을 다했다.
20. 개그맨의 꿈을 현실화 시키려고 굳게 마음먹었다.
21. 10여 년 무명 생활을 하는 동안 피나는 노력을 했다.

22. 8년 동안 간절히 기도했다.

23. 카메라 울렁증, 무대 공포증 등의 콤플렉스를 이겨내려고 노력했다.

24. 끊임없이 주변 사람에게 도움을 주었다.

25. 남몰래 불우이웃 돕기를 꾸준히 실천했다.

26. 다시 태어나도 개그맨이 되고 싶을 만큼 자신의 일에 자부심을 갖고 있었다.

27. 방송 자체를 낙으로 여기며 살아갈 정도로 즐기면서 일을 했다.

28. 남을 웃길 때 느끼는 기쁨을 다른 어떤 것보다 값지게 여겼다.

29. 입담과 순발력이 있었다.

30. 힘이 들거나 지칠 때마다 어머니를 떠올리며 용기를 냈다.

31. 언제든 꺼내서 활용할 수 있는 위트를 개발하려고 노력했다.

32. 자신의 일을 사랑했다.

33. 솔직한 모습을 보여주려고 노력했다.

34. 다른 사람을 섬기고 봉사하는 리더십을 가졌다.

35. 자신을 낮추면서 재미와 웃음을 줬다.

36. 혼자서는 아무 것도 할 수 없다는 것을 깊이 받아들이고 실천했다.

37. 대중들을 위해 스스로 망가지는 것을 흔쾌히 했다.

38. 항상 진심과 정성을 다해 사람들을 대했다.

39. 게스트들에 대한 장단점 등을 파악하며 철저하게 프로그램을 준비했다.

40. 몇 번이라도 포기하고 싶은 마음이 들 때마다 마음을 다잡았다.

41. 몸에 밴 성실함이 있었다.

42. 항상 겸손했다.

43. 소탈한 성격을 가졌다.

44. 책을 많이 읽었다.

45. TV 프로그램 외 언론 노출을 줄여 이미지 과잉을 방지했다.

코카콜라의 전설

에이서 캔들러

상상력으로 잠재의식을 깨워라

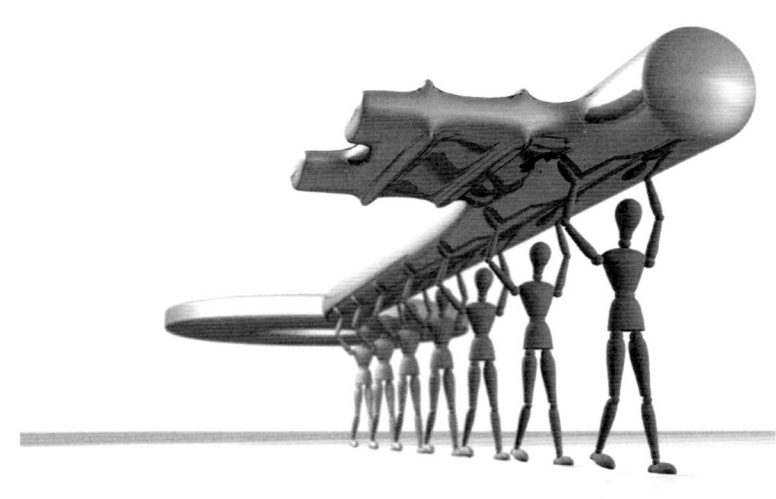

코카콜라의
전설
에이서 캔들러

미국 소프트드링크 제조업자인 에이서 캔들러(Asa Griggs Candler) 는 미국 조지아 주 빌라리카 근처에서 유복한 농원 주인이자 상인 이며 금광 탐광사이기도 했던 샘 캔들러 슬하에서 11명의 형제자 매 중 여덟 번째로 1851년 12월 30일에 태어났다.

그의 아버지는 다른 금광들을 모으기 위하여 자기의 고장을 '빌 라리카'라고 이름 지을 정도로 아주 적극적인 성격을 지니고 있었 다. 그는 자녀들에게도 매번 독립심을 강조하였다.

그 덕분에 넉넉한 가정 형편이었지만 자녀들은 자기가 쓸 돈은 자기 손으로 벌어야만 했다. 그러한 아버지의 영향 탓에 그는 일 찌감치 돈벌이에 관심을 보였다.

한번은 그가 고생 끝에 야생 밍크를 생포한 적이 있었다. 모피를 팔아보기로 방향을 잡은 그는 약 100리가 넘게 떨어져 있는 애틀랜타까지 '2센트는 벌 수 있을지 모른다!'는 기대감을 안고 마차를 타고 갔다. 거기서 자그마치 1달러나 벌었다.

그의 나이 10살, 태어나서 처음 돈을 받아들고, 의기양양해서 집으로 돌아왔다. 그의 적극적인 성격과 돈에 대한 집착은 이때부터 시작되었다.

그의 어머니는 마을에서 평이 좋지 않았다. 어머니 마사는 14세의 나이로 캔들러가에 시집을 왔다. 상당히 왜소한 체구였던 그녀는 신경질적이었다.

나중에 캔들러의 아들이 이렇게 회고했다.

"우리 할머니는 누구에게나 명령을 했고 사람들을 무시했어요."

이렇듯, 캔들러의 어머니는 자상한 모습과는 거리가 멀었다.

1861년 11세 때 남북 전쟁이 시작되었다. 그 때문에 그는 정규 교육을 제대로 받지 못했다. 전쟁 후 겨우 2년간 고등학교를 다니는 게 고작이었다. 약국의 견습 점원으로 있으면서, 밤에 짬짬이 공부했다. 라틴어, 희랍어, 화학 및 의학 등에 관심을 보였다.

어렸을 때의 꿈이 의사가 되는 것이어서, 그는 이것저것 약을 배합하거나 병든 가축들을 돌봐주는 게 유일한 취미였다. 약국에서 2년간 견습생으로 지내던 중 하루는 진지하게 인생 방향을 잡게 되었다.

"이 같은 적은 급료로는 희망이 없어. 이래서는 안되겠어."

월급은 겨우 35달러였지만 그에게는 성공하고 싶다는 목표가 있었다. 하지만 현재 일하고 있는 약국에서는 자신의 비전을 찾을 수가 없었다.

'이런 시골 변두리 약국에서 평생 일하다가 아무것도 이룰 수 없을 거야.'

이런 생각을 한 그는 21세 때 트렁크 하나만 달랑 들고 길을 떠났다. 어머니가 손수 지어준 양복을 입고 일을 찾아 무작정 대도시로 향했다. 호주머니에는 달랑 1달러 57센트가 들어 있었다.

추운 겨울에 그는 일자리를 찾아 이곳저곳을 돌아다녔다. 하루는 조지 하워드라는 약국에 들어갔다. 거기에는 무료해 보이는 점원이 앉아 있었다.

캔들러가 경력을 말하자마자 그는 "언제부터 일할 수 있소?"라고 물었다. "지금 당장 가능합니다"라는 대답에 점원은 약국 주인에게 "후임이 왔으니 당장 그만두겠다"고 말했다.

그날 그는 일자리뿐만 아니라 첫 급료를 받을 때까지 하숙비 지불을 연기해 주기로 한 하숙집까지도 구할 수 있었다.

약국 점원으로 일하면서, 그는 약학을 공부해 약제사가 되었다. 약국 점원이 된 지 4년 만에 그는 직접 약제 도매상을 운영하는 자리까지 올랐다. 이후 제약 도매업으로 알뜰히 재력을 쌓아 나갔다. 35세에 접어든 그는 이제 진짜 돈을 벌 때라고 생각하고 큰 돈벌이를 찾아나섰다.

얼마 후 그는 애틀랜타의 약제사인 J.S. 펨버턴(1831~1888년)이 코카콜라의 지분을 판다는 소문을 들었다.

작은 마을의 약제사였던 존 펨버턴은 여러 가지 약제들을 조합하는 것을 무척이나 즐기는 사람이었다. 그는 남군 기병대의 일원으로 남북 전쟁에 참가했다. 전쟁에 패한 뒤 돌아와 보니, 고향 애틀랜타는 쑥대밭이 되어 있었다. 모든 남자들이 재건 사업에 동원되었다. 패전의 충격과 힘든 재건 사업으로 병들어 쓰러지는 사람들이 늘어났다. 그래서 약제사인 펨버턴은 '자양강장제'를 만들기 위해 여러 차례 실험에 실험을 거듭했다.

1886년 어느 날 오후 실험하던 중에, 캐러멜 색의 향기로운 액체가 만들어졌다. '프렌치 와인 오브 코카(French Wine of Coca)'라는 시럽이었다.

이 시럽의 주성분은 코카(coca)잎의 추출물, 콜라(kola)나무 열매의 향, 그리고 알코올이었다. 그러나 알코올 성분 때문에 많은 사람들이 마시지 못하는 것이 문제였다.

그는 '프렌치 와인 오브 코카'에서 알코올 성분을 빼고 그 대신 탄산수에 희석해, 톡 쏘는 독특한 단맛을 내는 새로운 음료수를 만들었다(훗날 미국에서 환각 작용을 일으키는 약물의 판매를 금지해야 한다는 여론이 일자, 1905년에 코카콜라에서 코카인 성분을 빼 버렸다).

펨버턴은 이 시럽이 완성되자 이웃에 있는 자콥 약국으로 가지고 갔다. 그곳에서 탄산수를 더한 후 손님들에게 시범으로 맛을 보게 했다. 손님들은 모두 이구동성으로 '이 새로운 음료는 뭔가 특별하다'는 평을 내렸다. 그러자, 자콥 약국에서는 이 음료수를 한 잔에 5센트씩 받고 시판하기 시작했다.

펨버턴이 이 시럽을 완성하기 몇 주 전이었다. 아이오와에서 프랭크 로빈슨(Frank Robinson)이란 사람이 찾아왔다. 2가지 색이 동시에 인쇄되는 혁신적인 인쇄기를 팔러 온 것이다.

펨버턴은 그것을 사는 조건으로 동업을 제의했다. 이후 펨버턴은 연구에 몰두하고, 로빈슨은 장부계원으로서 회계 겸 광고를 담당하게 되었다.

펨버턴은 새 음료의 이름을 '코카콜라(Coca-Cola)'라고 붙였다. 주된 성분인 코카(coca) 잎과 콜라(kola) 나무를 합친 이름이었다. 음료의 주성분도 쉽게 알 수 있고, C가 반복되어 어감이 좋고, 당시 사람들이 'SSS'나 'BBB'처럼 반복적인 표현에 친밀감을 갖고 있다는 게 이름 붙인 이유였다.

이어 프랭크 로빈슨은 두 개 C자가 어울리는 독특한 스펜서체를 사용해 Coca-Cola를 날려 쓴 것이 오늘날 빨간 바탕에 하얀색 필기체로 쓰여진 코카콜라 로고가 되었다.

펨버턴은 한 잔에 5센트 하는 이 음료를 팔아보려고 73달러 60센트나 들여 광고까지 냈다. 처음에 그는 코카콜라가 신경 안정, 소화, 정력에 효과가 있는 자양강장제라고 선전했다.

실제로 이 음료를 마신 뒤에 두통이 사라졌다는 사람들이 많았다. 그도 그럴 수밖에 없는 것이 코카콜라의 주요 성분 중 하나가 코카 잎, 즉 코카인이었기 때문이다. 하지만 1년 동안의 매출액이 50달러도 채 안 됐다.

남북 전쟁에서 얻은 부상으로 모르핀 중독자였던 펨버턴은 가족의 부양을 위해, 또 점점 심해지는 통증을 진정시키기 위해 돈이 필요했다. 그래서 이 음료의 제조법과 판매권을 팔기로 하고 구매자를 찾아다녔다.

1887년 펨버턴은 세 명의 동업자 몰래 이 음료의 권리 2/3를 제조 비법과 함께 헐값에 팔아넘겼다. 권리를 산 2명은 또 다른 여러 명에게 팔았다. 그리하여 코카콜라의 권리를 주장하는 사람은 9명으로 늘어났다.

비록 권리는 잃었지만 코카콜라의 조제법을 알고 있던 프랭크 로빈슨은 변호사 존 캔들러(John Candler)를 만나 상의하다가 그의 형 에이서 캔들러(Asa Candler)를 알게 되었다. 신선한 음료의 맛을 보고 단박에 반해 버린 캔들러는 자신이 지니고 있던 돈을 몽땅 털었다(에이서 캔들러는 코카콜라를 마시면서 만성적인 두통에서 해방됐다고 좋아했다).

거래는 당장에 이뤄졌다. 1888년에서 1891년 사이에 펨버턴에게 2,300달러를 지불하고 코카콜라의 조제법과 한 주전자 분량의 시럽을 사들였다. 그리고는 법적 소유를 확실히 하기 위해 변호사인 동생의 도움을 얻어 1891년 마침내 법적 권리를 모두 사들이는 데 성공했다.

하루는 그가 기분 좋은 상상의 나래를 활짝 폈다.

"나는 이 주전자에 든 내용물을 팔아 전 세계 수백만의 사람들에게 막대한 월급을 지불할 수 있는 큰 회사를 세울 것이다. 또 이 주전자의 내용물은 막대한 양의 설탕을 소비함으로써 사탕수수 재배와 설탕의 정제 및 판매에 종사하는 수많은 사람들에게 일자리를 제공해 줄 수 있을 것이다. 뿐만 아니라 후에 이 내용물을 담은 용기는 많은 디자이너, 카피라이터, 광고업자에게 일을 주고, 이것을 아름다운 사진으로 완성시킨 예술가에게 부와 명예를 부여해 줄 보물단지가 될 것이다. 이 낡은 주전자 덕분에 내가 지금 서 있는 애틀랜타가 미국 남부 제일의 상업 도시로 발전할 수 있고, 거기서 쏟아져 나오는 돈으로 남부 최고의 대학을 세울 수 있으며,

무수한 젊은이들이 그곳에서 공부하게 될 것이다."

판로에 골몰하던 캔들러는 상상력을 발휘하여 이 검은 액체의 제조 과정을 더욱 개선하여 약이 아닌 청량음료로 판매하기 시작했다. 이후 '코카콜라'는 미국 전역으로 판매되기 시작했다.

1892년 1월, 조지아 주 애틀랜타에 코카콜라 회사(The Coca-Cola Company)를 세웠다. 같은 해 5월에는 코카콜라 로고의 상표 등록을 마쳤다.

1889년부터 캔들러와 로빈슨의 손에서 코카콜라는 엄청난 판매량을 기록하기 시작했다. 뛰어난 사업가답게 캔들러는 원액을 중간업자나 간단한 음료를 판매하던 소다 파운틴(soda fountain) 경영자에게 넘기고 그들이 코카콜라를 판매하게 함으로써 판매망을 넓혀 나갔다. 그가 직접 코카콜라를 소다 파운틴에서 팔았다면 당장의 이익이야 엄청났겠으나, 판매망은 한정된 지역에 그쳤을 것이다.

철도의 중심지였던 애틀랜타의 이점을 안고 코카콜라는 전국적으로 퍼져 나가기 시작했다.

약국의 한 귀퉁이를 차지한 음료수 가게는 당시 미국의 독특한 풍경 중 하나였고, 주로 백인들이 탄산수를 즐기면서 이런저런 대화를 나누는 사교장 역할도 대신했다. 그래서 약 못지않게 탄산수도 커다란 돈벌이였다. 날씨가 덥고 호황을 맞은 애틀랜타에서 음료수는 잘 팔릴 수밖에 없었고, 또 미국 전역에 때마침 금주령이 선포되면서 알코올을 대체할 수 있는 음료에 대한 수요가 급증하게 되었다. 그 결과 코카잎 성분을 담은 코카콜라는 술의 대체재로 인식되어 호황을 누리게 되었다.

그는 소비자들에게 이 새롭고 흥미로운 음료를 소개하는 혁신적인 방법도 고안해 냈다. 그는 사람들에게 무료로 코카콜라를 한 번 시음해 볼 수 있는 쿠폰을 나누어 주었고, 코카콜라를 배급하는 약국에는 코카콜라 상표가 달린 시계, 단지, 달력 등을 무료로 나눠 주었다. 그러자 어디에서나 사람들은 코카콜라를 보게 되었다. 이러한 적극적인 홍보는 매출의 급성장으로 이어졌다.

하루는 캔들러의 친한 친구가 사무실로 와서는 큰소리로 공언했다.

"자네가 나에게 거액의 돈을 주면 자네 회사의 이익을 엄청나게 증가시킬 수 있는 틀림없는 비결을 가르쳐 주겠네."

두 사람은 한참 동안 옥신각신 언쟁을 하다가 캔들러는 확신에 찬 친구의 주장을 믿고, 또 자신의 솟구치는 호기심에 못 이겨, 결국 상당한 금액이 적힌 수표 한 장을 친구에게 써 주었다.

수표를 받아든 친구는 몸을 기울여 캔들러의 귀에다 짤막한 한마디 말을 속삭여 주었다.

"병에 담게"

1890년 캔들러는 자기의 재정 상황을 총점검해 보았다. 자기집을 포함한 순자산이 17,326달러에 이르고 있었다.

1894년 조셉 비덴한이라는 사업가는 최초로 코카콜라를 병에 담아 시판하면서, 12개의 병에 코카콜라를 담아 캔들러에게 보냈으나, 이렇다 할 반응을 얻어내지 못했다. 그때까지만 해도 캔들러는 코카콜라 성공의 핵심은 고객들이 어디든 가지고 다닐 수 있는 병에 담긴 음료라는 점에 있다는 사실을 미처 깨닫지 못하고 있었다.

1899년 채터누가 시의 변호사인 벤자민 토마스(Benjamin F. Thomas)와 조셉 와이트헤드(Joseph B. Whitehead)가 병에 담긴 코카콜라 샘플을 보여주었을 때, 웬일인지 캔들러는 돈 한푼 받지 않고 그들에게 코카콜라 병 사업 권리를 선뜻 내주었다. 캔들러에게 코카콜라 원액을 사서, 병에 담아 팔되, 소다 파운틴에서의 판매는 금지하는 계약을 한 것이다.

당시 캔들러는 밑지는 계약이 아니라고 생각했다. 왜냐하면 아무 투자 없이 코카콜라 원액 판매를 늘릴 수 있었기 때문이었다. 하지만, 어디서나 살 수 있는 병에 담긴 콜라는 그 편리성으로 인해 널리 퍼져 나갔고, '코카콜라 회사(The Coca-Cola Company)'는 병에 담긴 코카콜라를 팔 권리가 없었다(나중에 우드러프는 많은 돈을 투자하여 바틀링(bottling) 공장들과 그 권리를 사들였다).

지금도 시럽을 생산하는 회사는 코카콜라 회사(The Coca-Cola Company)이고, 병에 담아 세일즈를 하는 회사는 코카콜라 기업(Coca-Cola Enterprises)으로 구분되어 있다.

병 담기 사업의 앞날을 내다보지 못하고 그 권리를 공짜로 넘겨준 것은 다소 아쉬움을 남겼으나, 그 계약을 체결함으로써 코카콜라는 미국뿐만 아니라 아시아, 유럽 등 세계 곳곳에 진출할 수 있었다.

한 병이라도 더 팔아 이익을 남기고자 한 바틀러(bottler)들은 코카콜라의 세계화에 큰 디딤돌 역할을 톡톡히 해냈다.

코카콜라는 가게에서만 판매되던 시스템을 완전히 바꿔 소비자가 원하면 병에 담긴 콜라를 6개, 12개씩 집으로 사갈 수 있도록 하자, 매출이 급성장했다.

1890년에는 약 3만3,300 l 에서 1900년에는 137만2,245 l 로 증가했다. 10년 동안 코카콜라 원액 공장들이 속속 세워졌다.

1895년에 시카고, 댈러스, 로스앤젤레스를 비롯하여 텍사스, 필라델피아 등에도 설립되었으며, 나아가 미국의 모든 주와 준주(準州) 및 캐나다에서도 코카콜라가 판매되기 시작했다.

1899년 코카콜라 회사는 병 제조 공장과 처음으로 단독 계약을 체결했다. 그 계약에 따르면 병 제조 공장은 원액을 사서 병에 담아 유통되도록 했다. 이러한 특허 협정은 이제 미국 청량음료 산업의 전반적인 특징으로 자리잡아 독특한 유통 체계의 토대를 형성했다.

1900년에 이르러서는 남부 지역의 거의 모든 편의점에 소다수 통이 설치되어 고객들은 한 컵에 5센트 하는 코카콜라를 마실 수 있게 되었다. 코카콜라는 1888년 제품을 출시한 이후 현재 세계 인구 60%가 코카콜라를 가끔 마시고, 10%인 약 6억 명이 정기적으로 코카콜라를 마시는 최고의 음료수 자리에 올랐다.

세계 2백여 국에서 1초당 1만1,600잔이 팔릴 정도로 코카콜라는 명실상부 당대 최고의 히트 상품이 된 것이다.

1905년부터 모조품이 등장했다. 코카콜라의 성공을 이용하려는 가짜 음료들의 성행을 그저 반길 수만은 없었다. 그는 소비자들에게 '진짜를 드십시오', '모조품을 거부하십시오'라는 말을 해야 했다.

1906년에는 미국 외 쿠바와 파나마에서도 코카콜라 생산을 시작했다.

1915년, 밋밋하고 매끈한 병을 사용했던 코카콜라에서는 모조품 코카콜라의 성행을 방지하기 위해 독특한 모양의 병을 고안해 진짜 코카콜라를 식별하는 방안을 강구하기로 했다. 회사는 유리병을 공급하는 업자들에게 새로운 디자인의 유리병을 공모하면서 현상금을 내걸었다. 그때 내세운 조건은 두 가지였다.

 첫째, 캄캄한 곳에서 손으로 만져만 보아도 코카콜라 병인 줄 알게 할 것.
 둘째, 병이 깨졌을 때, 자세히 보는 게 아니라 힐끗 보기만 해도 코카콜라병인 줄 알게 할 것.

 그때 인디아나 주의 테러호트 시에서 '루트 글래스 사(Root Glass Company)'의 사장인 루트(Chapman J. Root)가 직원들에게 코카콜라의 재료가 되는 코카잎(coca leaf)과 콜라 열매(kola nut)를 응용한 디자인으로 새로운 병을 만들라는 지시를 내렸다.
 직원이었던 알렉산더 사무엘슨(Alexander Samuelsson)과 딘(Earl R. Dean)은 그 두 가지 재료가 어떻게 생겼는지 알아보기 위해 도서관으로 가서 책을 찾아보았으나 허사였다.
 할 수 없이 딘은 코코아 열매의 껍질(cocoa pod)에서 힌트를 얻어 스케치를 한 다음 주물로 첫 모형을 떴다. 하지만, 병의 가운데 부분이 너무 볼록하여 양이 많이 들어가고 또 하단이 좁아서 안정성이 부족하다고 판단되어, 다시 디자인을 고쳐 이번에는 가운데 부분을 대폭 줄여 약간 두툼할 정도로만 하고 바닥은 안정감이 있는 푸르스름한 유리병을 만들었다.

　이 병은 공식적으로 루트 글래스 사에서 채택되었고, 1916년부터 코카콜라에 납품되었다. 디자인에 기여한 딘에게는 평생 회사에서 일할 수 있는 특권(lifetime job)이 주어졌다. 하지만 딘은 1930년대 중반에 회사가 다른 회사(Owens-Illinois Glass company)로 인수되는 바람에, 중서부의 다른 유리 공장으로 옮겨가야 했다.

　병에 담긴 코카콜라에 이어 캔에 담긴 코카콜라는 1960년에, 플라스틱 용기의 코카콜라는 1978년에 각각 일반 판매점에 모습을 드러냈다.

　1914년까지 5,000만 달러 이상을 벌어들인 캔들러는 투자 회사를 따로 차려서 철도, 면화, 부동산 등에 투자했다.

　하루는 신용 금고 회사의 매니저 딘(Dun)이 그에 대해 이렇게 평했다.

　"성실하고 신뢰할 수 있으며 사업에 밝고 낭비 습관은 하나도 없다."

　실제로 그는 돈 쓰는 데에는 대단히 인색한 편이었다.

　1916년 캔들러는 애틀랜타 주지사에 출마하기 위해 코카콜라 경영을 친척들에게 맡겼다. 1917년 뉴욕의 한 이름 모를 투자가가 매수를 제의해 왔다. 캔들러는 즉각 거절했다. 그러나, 그의 조카와 아들들이 1919년에 애틀랜타 출신의 뉴욕 실업가인 어니스트 우드러프(Ernest Woodruff)가 이끄는 투자가들에게 2천5백만 달러($25million)를 받고 매각해 버렸다. 나중에 이 사실을 알게 된 캔들러는 굉장히 분노했다.

캔들러는 1929년 3월 12일 애틀랜타에서 사망할 때까지 자선 사업에 심혈을 기울였다. 그의 재정적인 후원에 힘입어 애틀랜타 근처에 있던 에머리 대학이 애틀랜타로 옮겨져 에머리 대학으로 발전했다. 200만 달러에 달하는 그의 기부금으로 이 대학 의과 대학에 부속 병원이 설립되었다.

어니스트 우드러프의 아들 로버트(Robert)는 트럭과 차를 파는 세일즈맨에서 시작하여 화이트 모터사의 부사장까지 올라 연봉 7만5천 불을 받고 일하다가, 1923년 34세의 나이로, 단지 코카콜라의 주식 시세를 높여 투자했던 돈을 도로 찾고자, 아버지가 제의하는 사장 자리를 수락했다. 당시 그는 35,000주나 소유하고 있었던 것이다.

1953년에 은퇴한 뒤에도 그는 1980년대까지 코카콜라 사의 실질적인 보스로 남아, 코카콜라를 세계의 청량음료로 키워내는 데 혁혁한 기여를 했다.

제2차 세계 대전(1939~1945년) 중에는 국방성의 후원으로 매출이 대폭적으로 늘어났다. 전쟁 영웅이자 지독한 코카콜라광이었던 아이젠하워 장군은 1943년 6월 29일 북아프리카에서 코카콜라를 생산할 수 있도록 기술 연구원(technical observer)들을 빨리 파견해 달라고 긴급 전보를 치자 육군 장관 조지 마샬은 이를 승인해 주었다.

아이젠하워는 전쟁이 끝난 후에도 로버트 우드러프와 함께 골프를 치는 친구 사이가 되었고, 라틴 아메리카에 있는 코카콜라 바틀링 공장에 투자까지 했다.

1952년 아이젠하워는 우드러프의 전격적인 지원을 받아 대통령에 당선되었다. 이런 인연으로 백악관에 우드러프의 측근들이 진출할 수 있었다.

1970년 조지아 주 주지사 선거에서 땅콩 농장의 경영자 지미 카터가 당선됐을 때, 코카콜라 사는 카터에게 전용기와 리무진을 지원했다. 1976년 대통령 선거에서 카터의 지지도가 떨어져 가자, 코카콜라 CM 광고 담당자는 이미지를 재고하는 대대적인 광고를 만들어 카터를 대통령으로 당선시키는 데 큰 기여를 했다. 카터 정권은 코카콜라가 포르투칼, 이집트, 예멘, 수단, 소련, 중국 등지에 진출할 수 있도록 길을 터 주었다.
코카콜라 회사는 환타, 스프라이트, 터부 등의 청량음료와 과즙음료를 제조하여 세계 각국에 판매했다.

한번은 러시아의 주코프 장군이 적대 국가의 코카콜라를 잊지 못해 미국 점령 지구 책임자에게 몰래 부탁하자, 트루먼 대통령의 특별 지시하에 코카콜라는 아무도 알아 볼 수 없게끔 은밀히 주코프 장군에게 배달되기도 했다.

"21세기형 보스"라는 호평(경제 전문지 〈포춘〉)을 받으며 1997년 코카콜라 CEO가 된 더글러스 아이베스터(Douglas Ivester)는 취임 2년 만인 1999년 CEO 자리에서 물러났다.
공석인 COO(최고 운영 책임자)를 새로 임명하지 않고 자신이 CEO와 COO 역할을 동시에 수행했지만, 회계 전문가답게 세세한 업무까지 일일이 신경을 쓰느라 새로운 비전을 제시하고 전략을 세우는 CEO로서의 역할을 제대로 수행하지 못했던 것이다. 마이클 왓킨스(Michael Watkins) 전 하버드 대학 교수는 이렇게 지적했다.

"실패한 근본 원인은 아이베스터가 무엇을 할 줄 몰랐기 때문이 아니라 과거 해왔던 업무를 버릴 줄 몰랐기 때문이다."

지금도 코카콜라는 본사에서 원액(제조법 미공개)만을 제조하여 국내 및 해외의 특정 회사에만 공급하는 프랜차이즈 방식을 채택하고 있다. 특정 회사에서는 원액에 물·탄산·설탕 등의 첨가물을 배합하여 병 또는 캔에 담아 루트 세일즈(직매) 방식에 의하여 판매하고 있다.

국외의 회사에 대해서는 자본·종업원 등에 관하여 철저한 현지주의를 채택하고 있다.

대한민국에서는 1968년 두산그룹 산하의 한양식품(주)(이후 두산식품으로 사명 변경)을 시작으로 우성식품(주), 범양식품(주), 호남식품(주), 서라벌식품(주) 등이 지역별로 코카콜라 제조 회사를 운영하고 있다.

이후 1997년 현지 법인인 한국 코카콜라 바틀링(주)이 설립되어 직영 체제로 전환하고, 2008년 코카콜라 음료(주)로 상호를 바꿨다. 이는 2007년 LG생활건강에 인수되었다.

〈에이서 캔들러의 성공 DNA〉

1. 간단한 아이디어를 활용하였다.

2. 아이디어를 상상력에서 키워냈다.

3. 상상력으로 잠재의식을 깨웠다.

4. 잠재의식에 신념을 보탰다.

5. 성공해야겠다는 분명한 목표를 가졌다.

6. 돈벌이에 관심이 많았다.

7. 매사에 성실했다.

8. 혁신적인 방법으로 소비자들에게 다가갔다.

9. 신뢰할 수 있었다.

10. 사업에 밝았다.

11. 낭비 습관이 없었다.

12. 자선 사업을 했다.

13. 자신의 비전을 찾으려고 노력했다.

14. 독립적이었다.

15. 적극적인 성격을 가졌다.

16. 당장의 이익에 급급하지 않고 멀리 내다보며 사업을 구상했다.

17. 어린 시절부터 자기가 쓸 돈은 자기 손으로 벌었다.

18. 문제 해결력이 뛰어났다.

19. 꿈을 이루기 위해 공부했다.

20. 현실에 안주하지 않았다.

21. 한 단계씩 목표를 이루며 다음 단계를 계획했다.

22. 꿈이 이루어졌다고 가정하고 미래를 상상했다.

아름다운 '강철 나비'
강수진

나의 좌우명은 '포기하지 말라'이다

아름다운
'강철 나비'
강수진

강수진은 샐러리맨인 아버지 강재수와 한국 무용을 전공한 어머니 구근모 사이에서 1967년 4월 24일 서울에서 태어났다.

그녀의 외할아버지는 '서울의 툴루즈 로트렉'으로 불린 구본웅 화백이고, 그녀의 언니와 동생은 음악가이다. 그리고 〈오감도〉의 작가 이상(김해경 1910~1937년)은 외할아버지 구본웅의 이모부이자 친한 친구였다. 구본웅의 이복이모인 변동림은 구본웅의 소개로 작가 이상과 결혼했었다.

구본웅 화백의 여덟 남매 중 셋째딸로 태어난 구근모는 유난히 아버지를 잘 따랐다. 그 덕분에 예술의 신비와 아름다움을 일찍부터 느끼며 자랄 수 있었다.

집 이층에 그림 작업실이 따로 있었기 때문에, 어린 구근모는 틈만 나면 그곳을 들락거리며 그림과 그림책을 접할 수 있었다.

화가 아버지를 둔 덕에 구 씨는 다른 아이들에 비해 예술적인 혜택을 더 누리며 자랐다. 초등학교 시절엔 한국 무용을 배우기도 했다. 그녀는 고등학교를 졸업한 후 은행에 취업했고 거기서 남편인 강재수를 만났다. 하지만 자신이 꽃피우지 못한 예술혼에 대한 미련이 남아 있어서, 둘째딸 수진에게 피아노를 배우게 했고 또 자신이 한때 배웠던 한국 무용을 직접 가르치기도 했다.

강수진은 어머니가 한국 전통 음악을 틀어놓고 춤사위를 선보이면 그대로 따라하며 재미있어 했다.

1974년 8세 때 강수진은 경희 초등학교에 들어갔다. 초등학교 2학년 때였다. 그녀는 리틀엔젤스 단원을 뽑는다는 신문 광고를 본 어머니의 권유로 지원했다. 한동안 리틀엔젤스 단원으로 활약했다. 이제 겨우 9살의 어린 소녀가 감당하기엔 다소 힘겨웠지만, 그녀는 15차, 16차 세계 순회공연에 참여하여, 주위의 부러움을 사기도 했다.

1979년 13세 때 그녀는 선화 예술중학교에 입학했다. 1학년 때 그녀는 한국 고전 무용을 전공했다. 팔다리가 길고 가늘어서 꼭 발레를 할 몸이라는 어머니의 말을 믿고 그녀는 발레부 모집에 응했다.

"처음 동기가 된 것은 순전히 어머니의 의지와 열성이었죠. 그게 내 인생에 극적인 전환점을 마련해 준 셈이죠."

중학교 1학년 때 교장 선생님이 새로 온 발레 교사 베스트를 소개해 주었다. 발레 선생님을 보자마자 그녀는 탄성을 내질렀다. 베스트의 아름다운 외모에 그만 넋을 빼앗겨 버렸던 것이다. 그 예쁜 발레 교사를 닮고 싶다는 열망이 그녀로 하여금 연습에 빠져들게 만들었다.

MBC 예능 프로그램 '무릎팍도사'에 출연했을 때 그녀는 이렇게 회상했다.

"남보다 늦게 발레를 시작했던 만큼 어려웠다. 하지만 좋아하는 여선생님이 발레 하는 게 예뻐서 (그녀에게) 잘 보이기 위해 (전공을) 바꾸게 됐다."

물론 어머니의 권유도 한몫 단단히 했다.

"한국 무용을 했었다가 중1 때 시작한 거라 이미 근육이 굳어서 너무 늦기도 했고 한국 무용은 안으로 움직이는 춤이고 발레는 바깥으로 움직이는 춤이라 매우 힘들어서 때려치울까 생각도 많이 했었어요. 그런데 하다 보니 재미있어서 계속하게 된 거지요."

한번 발레에 빠지자, 그때부터 그녀의 관심사는 하나부터 열까지 오로지 발레였다. 잠을 잘 때도 포인트 슈즈를 벗지 않은 채 180도까지 벌어지지 않는 다리를 찢기 위해 다리를 쫙 벌려 벽에 붙이고 잤다. 학교 수업을 마친 후에는 귀가하는 대신 곧장 연습실로 향했다. 남들보다 늦게 시작해 열심히 해야 한다는 의무감보다는 그저 발레가 좋았다. 스스로 만족할 만한 자세가 나올 때까지 그녀는 하루에도 수백 번 수천 번 같은 동작을 반복했다. 이때를 그녀의 어머니는 이렇게 회고했다.

"아침에 일어나 보면 어느 틈에 혼자 찬밥을 챙겨 먹고 새벽부터 학교 연습실에 나간 적이 한두 번이 아니었다."

연습은 결과로 나타나기 시작했다. 그녀의 끊임없는 노력은 발레를 시작한 지 1년 반 만에 이화여자대학 주최로 열린 발레 콩쿠르에서 최우수상을 거머쥐게 했다.

하루는 유학생을 선발하러 내한한 모나코 왕립발레학교의 교장인 마리카 베소브라소바의 눈에 띄게 되었다. (모나코 왕립발레학교는 모나코의 왕비 그레이스 켈리가 세운 국제적인 발레 교육기관으로 세계의 발레 인재들이 모이는 곳이다.)

마리카 베소브라소바는 강수진의 아버지에게 이렇게 말했다.

"수진이는 10만 명 중에 한 명 있을까 말까 한 재목입니다."

게다가 그녀는 균형 잡힌 체형, 이국적인 외모, 그리고 한번 시작한 일에는 전력투구하는 성실함까지 갖춰져 있어서 금상첨화였다.

"모나코 왕립발레학교 교장 선생님은 내게 '뭔가 말로 표현할 수 없는 무언가가 있다'고 말했다."

1982년 16세 때 선화 예술고등학교에 입학한 그녀는 1학년 때 모나코 왕립발레학교로 유학을 떠났다. 당시를 그녀는 이렇게 회고했다.

"아무 것도 모르고 그저 발레를 하러 외국으로 떠난다는 사실에 들떴었죠. 유학길에 오르는 비행기 타기 이틀 전까지도 흥분되고 좋았어요. 그러나 막상 비행장에서 엄마 아빠가 우시니까 나도 울고 갈까 말까 망설여졌습니다. 아무리 발레가 좋아도 열여섯 사춘기 소녀에게 부모와의 이별은 조금은 감당하기 힘든 것이었어요."

유학 중에 다른 학생들과 함께 생활해야 하는 기숙사 생활이 편하지 않았다. 또한 우유, 치즈 등의 음식이 입에 맞지 않았다. 모나코의 국어인 불어는 물론 영어도 구사하지 못해 친구들과 어울리는 게 쉽지 않았다. 말도 통하지 않는 이국땅에서 혼자 살아가며 그들과 경쟁할 생각을 하니 눈앞이 캄캄했다. 내성적인 성격으로 친구도 쉽게 사귈 수 없던 터라 언어나 음식 뭐 하나 맞는 것 없어 모든 게 힘들었다.

또한 나름 자신하던 발레 실력도 어릴 때부터 전문 교육을 받으며 자란 학생들과 비교할 때 많이 뒤진다는 사실을 알게 되어 위축된 데다가 교사의 말을 알아들을 수 없으니 수업을 따라가기가 무척 힘들었다.

"무엇보다도 가장 큰 고민은 친구들에 비해 발레 실력이 한없이 뒤떨어진다는 것이었어요. 모나코에 도착해서 보니 발레 수준이 하늘과 땅 차이였어요. 유학 간 첫날 등교하자마자 한국으로 돌아가고 싶다는 생각을 했어요. 모두들 저보다 월등히 나은 실력을 갖고 있었거든요. 한국에서는 실력을 인정받아 뽑혀 왔지만, 제대로 된 전문 교육을 받고 자란 학생들의 탄탄한 기량에는 비할 바가 못 되었던 것이죠. 질려가지고 다음날 돌아가고 싶었어요."

점차 자신감이 떨어지고 마음도 황폐해지니 몸 상태가 더욱 나빠졌다. 악순환을 거듭하다가 어느 날 실수를 되풀이하는 모습을 본 교사로부터 꾸중을 듣게 되었다. 상심에 빠진 그녀는 부모가 보고 싶어 한국으로 돌아갈 마음에 짐을 쌌다.

"고등학교에 다시 다니고 싶었어요. 일요일에 우체국으로 가면 거기서 전화가 걸려왔어요. 엄마 아빠 소리만 들어도 우느라 얘기도 못했죠."

짐을 싸고 자신을 모나코로 데리고 온 마리카 교장에게 작별 인사를 하러 찾아갔다. 차마 돌아가겠다는 말이 나오지 않아 우물쭈물하며 서 있었다. 상황을 대충 파악한 마리카 교장은 수척

해진 강수진에게 따뜻한 목소리로 격려하며 용기를 불어넣어 주었다.

"진심으로 너를 도와주겠다."

그러면서 그녀를 꼬옥 안아주었다. 마리카 교장의 따뜻한 위로의 말과 포옹 때문에, 그녀는 한국으로 돌아가지 않기로 슬그머니 마음을 바꿔 먹었다.

"꼬옥 껴안아 주는 포근한 그 느낌이 좋았어요. 몇 달 사이 그토록 만나길 꿈꿔온 엄마의 목소리와 나를 감싸 안아준 선생님 덕분에 용기를 얻었죠. 이때부터 나는 차츰 달라지기 시작했어요. 스스로 억눌러 온 모든 것에서 벗어나기 시작한 것이죠. 서투르지만 아이들과 어울리기 시작했고, 수업 시간에도 더이상 뒷자리에만 머무는 소심한 학생 노릇 따위는 하지 않았어요."

이처럼 마리카의 위로는 그녀에게 큰 힘이 되어 주었다. 마음을 다잡은 그녀는 이때부터 아주 적극적인 태도로 언어도 배우려 했고, 또 미친 듯이 연습에 매진했다. 남과 똑같이 수업 시간에만 연습하는 것으로는 부족하여 밤마다 불 꺼진 연습실에서 달빛을 조명 삼아 몰래 혼자 춤을 추곤 했다.

"모나코에 도착한 지 불과 한두 달 사이에 몸무게는 8kg이나 줄어, 보기 안쓰러울 만큼 말라 바스러질 듯 위태로워 보였고, 팔다리에 힘이 없어 동작도 균형을 잃기 일쑤였죠."

그렇게 매일, 계속된 연습, 지칠 줄 모르는 근성으로 노력한 결과, 그녀의 실력은 눈에 띄게 향상되었다.

그렇게 모나코에 온 지 1년이 되어갈 즈음 존재감을 서서히 드러내기 시작했고 성적도 쑥쑥 올라갔다. 그러자, 학교는 수진에게 다음해의 장학금을 지급하기로 결정했다.

"교장 선생님이 콩쿠르에 나가라고 할 때 저는 생각지도 못했어요. 그래서 자지 않고 연습했습니다. 사실 그때만 그런 것이 아니라 유학 시절 제대로 잔 기억이 없어요."

밤 아홉 시면 모두 불을 끄고 취침해야 하는 기숙사 생활이었지만, 그녀는 수위 아저씨들의 순찰이 끝나는 밤 11시까지 숨죽이고 기다리다가 몰래 기숙사 위층의 스튜디오에 올라갔다. 창밖으로 모나코의 야경이 펼쳐지는 스튜디오에서 홀로 달빛에 의존해 새벽까지 울면서 연습했다.

"울고 싶을 때는 언제나 바를 잡았어요. 저는 부모와 동료들에게 한 번도 아프다고 얘기한 적이 없었어요. 학생 시절에는 13만 원 정도하는 토슈즈라 자주 바꾸지 못해 오래 써 변형되거나 하면 더 아픔을 느끼기도 했어요. 매일 15시간씩, 토슈즈를 갈아가며 연습에 몰두했어요. 하루 19시간씩 연습하기도 했어요. 눈물과 땀이 범벅되어 흐르도록 연습을 하다 보면 '나도 하면 된다'라는 것을 그때 배웠어요. 다른 학생들끼리는 경쟁이 치열했겠지만 나는 신경쓰지 못했어요. 왜냐하면 나 자신을 보기에도 너무 바빴기 때문이에요. 그러다 보면 어느 순간 꿈꾸는 기분이 들었어요. 나 자신이 발전되는 모습을 보는 게 너무 좋았어요. 다행히 결과가 좋았지요."

당시 유학 보낸 딸의 근황이 염려돼 모나코를 방문했던 그녀의 부모는 신발 밑창이 다 해진 것도 모르고 발레에만 매달리고 있는 딸의 모습을 떠올리며 이렇게 말했다.

"한편으로는 대견하고 한편으로는 안쓰러워 목이 멜 정도였다."

1985년 스위스에서 열린 '로잔 국제발레콩쿠르'가 열렸다. 애쓴 노력이 구체적인 성과로 나타났다. 그 열매는 콩쿠르 1위였다. '로잔 국제발레콩쿠르'는 15세에서 18세까지의 청소년들이 발레 실력을 겨루는 장으로, 주니어 대회로는 세계 최고의 권위를 갖고 있었다. 여기에서의 그랑프리 수상은 아주 명예로운 것이었다. 게다가 '동양인 최초'라는 수식어가 붙었다. 그나마 모나코로 유학을 온 지 만 3년 만의 성과이니만큼 대단하다 아니 할 수 없었다.

"'26번' 하고 부르는 순간 나도 모르게 탄성이 터져 나왔어요. 와, 정말 나야? 이렇게요. 내가 최고의 상을 타리라곤 꿈에도 생각지 못했거든요. 또 상을 꼭 타야겠다는 마음도 없었고요. 빈말이 아니라, 솔직히 그땐 내가 심사위원들 앞에서 무엇을 했는지조차 모를 만큼 정신이 없었어요. 다만 지금도 기억에 생생한 건 무대에 오르자 빛이 보였다는 거예요. 조명일 수도 있고, 아니면 나 자신이 만들어낸 환영일 수도 있겠죠. 어쨌건 나는 그 빛을 따라 춤을 추었어요. 그게 전부예요."

세계무대에 자신의 이름을 알리는 첫 데뷔를 멋지게 마친 그녀는 이때부터 국제적으로 서서히 두각을 나타내기 시작했다.

마리카는 열심히 노력하고 도전하는 강수진이 매우 사랑스러운 나머지, 곁에 있을 때 확실한 재목으로 다듬어 주고 싶어서 한 집에서 함께 생활할 것을 제자에게 제안했다. 이후 1년 동안 마리카는 수진에게 식사 매너, 낯선 사람을 만나 대화하는 법, 침대 시트 가는 법까지 섬세히 가르쳐 주었다.

"유럽에서 생활하는 데 필요한 모든 것을 마리카 선생님께 배웠다 해도 과언이 아니에요. 선생님은 마치 엄마처럼 내게 가정교육을 시키셨어요. 실제로 나는 마리카 선생님을 엄마라고 부르고 선생님은 나를 딸이라 호칭했죠."

콩쿠르에서 입상한 지 얼마 안되어, 그녀는 세계 유수의 발레단에 입단하기로 방향을 잡았다. 16개국 사람들이 단원으로 활약하고 있고 또 240년의 전통과 실력을 자랑하는 '발레의 유엔'이라고 불리는 독일 '슈투트가르트 발레단'을 그녀는 선택했다.

클래식과 모던을 함께할 수 있다는 것도 장점이었지만, 그보다 2차 대전 후 최고의 발레리나로 일컬어지는 마르시아 하이데가 그 발레단에 있었기 때문이다.

마리카는 독일의 인종 차별주의를 다소 염려했다. 그러나 강수진은 최선을 다하면 어디서나 인정받게 된다는 믿음으로 슈투트가르트 행을 고집했다. 결국 마리카는 허락해 주면서 격려를 아끼지 않았다.

한국을 떠난 지 만 4년째인 1986년 5월 20세 때 그녀는 동양인으로는 최초이자 최연소로 세계 5대 발레단 중 하나인 독일 '슈투트가르트 발레단'에 입단했다. 그러나 그 기쁨은 오래가지 않았다. 또 다른 관문이 기다리고 있었던 것이다. 언어와 음식, 날씨, 대인 관계, 그리고 발레 실력 등의 벽이 너무나 높았다. 모나코의 악몽이 재현되었다.

"발레단에 입단했지만, 단원들은 모두 콩쿠르에 1등으로 입상하고 들어온 사람들이었다. 다 잘하는 사람들뿐이었다. 나는 처음부터 밑바닥에서부터 다시 시작해야 했다. 나는 어렸고 경험도 부족했다. 솔로 같은 것은 원할 수도 없었다. 내가 원하는 것은 다만 무대에서 무용하는 것이었다. 잘하는 사람들이 너무 많아 난 군무에서도 5번째 후보였다. 1~4번째 후보가 안 아프지 않는 한 내 차례를 오지 않았다."

게다가 잦은 발목 부상, 슈투트가르트의 음산한 날씨, 알아듣지 못하는 독일어, 쟁쟁한 선배들 사이에서 오는 위축감 등 주위가 온통 악재 투성이뿐이었다. 뿐만 아니라 입단한 지 1년이 다 되어가도록 솔로는커녕 군무에도 변변히 끼지 못하는 신세가 한심스러웠다. 극심한 스트레스로 인해 음식을 가리지 않고 먹다 보니 몸무게가 점점 늘어갔다.

"극장 옥상에 올라가서 한참 울다가 아래를 내려다보면 뛰어내리고 싶은 충동에 몸이 떨렸죠. 참 막막했고. 무슨 뾰족한 수가 없을까? 다시 대학에 가야 하나? 아니면 발레를 아주 그만둬야 하나? 하며 이런 저런 생각이 많았어요."

그때마다 그녀는 자신에게 발레 인생을 선물해 준 두 어머니(친어머니 구근모, 발레 교사 마리카)의 얼굴을 떠올리곤 했다.

"두 어머니를 외면할 수 없어, 마침내 고통에서 벗어날 최후의 방법으로 연습을 선택했지요. 연습처럼 저에게 익숙한 것도 없었고 연습이 얼마나 정직한지 저는 경험으로 알고 있었지요. 남들보다 무대에 서는 일이 적으니 남는 건 시간뿐이었어요. 다시 마음을 정하고 하루 15시간씩 연습을 거듭하자 살은 금방 빠져 예전의 몸매를 되찾았고, 표정 또한 밝아졌고, 무엇보다 잃었던 자신감을 되찾게 됐어요."

그녀는 군무에도 끼지 못한 채 2년 넘게 혼자 연습하면서 기다렸다. 그 시절을 그녀는 이렇게 말한다.

"20살이 되어 가는데 군무에도 못 끼고 솔로도 한 번 못 하고 무용을 그만둔다고 생각하니 앞이 안 보였다. 독일에 와서 살이 많이 쪘다. 지금보다 10Kg 더 쪘다. 처음에 아파트 지하에서 살았다. 하늘을 못 보고 살았다. 혼자 한국 책 보면서 감자 샐러드, 치즈 케익, 피자 시켜서 우울하게 먹었다. 지금 생각해 보면 나쁜 영화 같다. 힘들게 들어온 발레단에서 포기하고 지금 그만두면 제 자신을 용서할 수 없었다. 그런 건 내 사전에는 안 끼어 있었다. 이를 악물고 다시 한번 하자고 마음먹었다. 극장에 가서 다시 연습했다."

"부상당하면 더 연습했어요. 약은 연습이었죠. 자기 자신을 이겨내고 한계를 한 계단씩 넘어섰을 때 모든 게 잘 풀렸어요. 그 한계를 넘어서기까지 과정이 못 견딜 정도로 힘들지만 그것을 이겨내는 것이야말로 자신을 발전시키고 앞으로 나아가게 하는 것이지요."

그녀의 발레 실력이 눈에 띄게 좋아지자, 당시 예술 감독인 마르시아 하이데는 그녀에게 첫 기회를 주었다. 처음으로 〈잠자는 숲속의 미녀〉에서 그녀에게 솔로 역이 주어졌다. 이를 계기로 그녀는 슬럼프에서 벗어나 한 계단씩 위로 오를 수 있었다.

1990년에는 심심찮게 솔로로 무대에 섰다. 그로부터 3년 뒤인 1993년 1월, 발레 입단 7년 만에 그녀는 〈로미오와 줄리엣〉에서 줄리엣 역을 맡아 첫 주역 데뷔의 꿈을 이뤘다. 발레 무용수라면 누구나 꿈꾸는 주역 발레리나 대열에 합류했던 것이다.

그 첫 무대에서 그녀는 줄리엣을 훌륭히 선보였다. 그날 극장을 가득 메운 1,500여 명의 관객은 오랜 무명 생활 끝에 나비가 되어 날아오른 '강철 나비'에게 아낌없는 박수와 환호를 보내주었다. 그날 그녀는 스무 차례에 걸친 커튼콜을 기록했다.

존 크랑코 안무에 마르시아 하이데 주연으로 〈로미오와 줄리엣〉이 초연된 이후 30주년 기념 무대에서의 주역 데뷔는 매우 영광스런 것이었다. 독일에서 7년의 무명 생활을 끝내고 마침내 주역 발레리나로 우뚝 선 제자 강수진의 발레 인생이 새롭게 열리는 현장을 지켜보고 있던 마리카는 그 뜨겁던 공연장 한켠에서 주르륵 눈물을 흘렸다. 이후로도 마리카는 2010년 5월 세상을 떠나기 직전까지 강수진의 진정한 후원자로서 많은 격려와 위로를 아끼지 않았다.

"늦어지는 것에 두려워하지 말라. 나는 발레를 다른 사람들보다 늦게 시작했다. 말 그대로 늦둥이인 셈이다. 요즘은 발레단에서 군무에서 바로 주역으로 올라가는 사람도 있지만 나는 군무에서 하프솔로, 솔로, 마돈나의 단계를 다 거쳤다. 즉, 주연이 되는 데 7년이나 걸렸다. 그러나 나는 오히려 내가 늦었기에 감사했다. 요즘은 솔로가 되어도 못하면 다시 군무로 내려가는 경우도 있다. 나는 늦게 발레를 시작했지만 차근차근 밟아 갔기에 다시 내려가는 일이 없었다."

"너무 빨리빨리 가려고 생각하지 않는 게 약이다. 얼마나 유지할 수 있느냐가 1등 한 거보다 더 힘들다. 한 번 올라갔어도 거기서 연습을 조금 덜하면 금방 내려간다. 일등 했다는 생각은 그 날로 잊어버리고, 자기 가는 길을 꾸준히 걷는 게 자신을 위해서 제일 중요하다."

"발레나 공부나 벼락치기는 안 통한다. 단계를 밟아 나가는 것이 중요하다. 빨리 가려고 하지 말고 거북이처럼 가라. 그럼 '쨍 하고 해 뜰 날'이 올 것이다."

하루는 마르시아 하이데가 이런 말을 했다.
"발레리나가 무대 위에서 조금의 움직임도 없이 서 있다. 그럼 에도 불구하고 관객의 마음을 빼앗을 수 있다면, 그건 경지에 다 다른 것이다. 바로 강수진이 그렇다."

나중에 그녀는 이렇게 회고했다.
"내가 이 자리에 설 수 있는 것은 바로 오랫동안 군무를 하며 기본기를 다졌기 때문입니다. 군무는 여러 사람과 호흡을 맞추 어야 하는 작업이기에 사실 혼자 춤추는 것보다 더 어려운 점이 많거든요. 또 군무 따로 솔로 따로여서는 좋은 작품이 될 수 없기에 군무가 솔로보다 못하다고는 결코 말할 수 없습니다. 그러니 오랫동안 군무 생활을 한 게 오히려 자랑스럽죠. 정말 중요한 건 거기서 배웠으니까요."

'슈투트가르트 발레단' 입단 초기에 슬럼프를 극복하고자 그녀는 잠자는 시간까지 아껴가며 연습에 매달렸다. 당시 하루 평균 적게는 15시간에서 많게는 19시간 가량 연습 시간으로 할애했다. 보통 발레리나가 2~3주에 걸쳐 신을 토슈즈가 네 켤레 정도

인데 비해, 그녀는 단 하루 만에 갈아 신은 적도 있을 만큼 연습에 몰두했다. 솔로로 발탁된 그 시기엔 한 시즌에 250켤레의 토슈즈를 갈아 신기도 했다.

하루는 발레 물품 담당자가 찾아와 사정하기도 했다.

"제발 좀 토슈즈를 아껴 쓸 수 없나요?"

"지독한 연습벌레가 되어라, 그리고 그 역할에 빠져들어라. 한 작품을 할 때, 연습은 매우 중요하다. 가끔씩 3주밖에 연습할 시간이 없고 무대에 올라갈 때도 있지만, 내게 중요한 것은 그것이 아니다. 내게 중요한 것은 무대에 서기 위해 화장할 때부터가 아닌, 연습할 때부터 이미 내가 아니고 그 역이 되는 것이다. 〈로미오와 줄리엣〉에서는 이미 줄리엣이 되어 있는 것이다. 변신을 다양하게 할 수 있기 때문에 내가 발레를 사랑하는 것 같다. 발레는 내게 슬픔, 행복, 즐거움을 다 느끼게 해준다. 그렇기 때문에 예술이 아름다운 것은 아닐까? 내가 요청하는 바는 한국인이 가지고 있는 화끈함을 연습에 투영시키고 그 열정을 무대에서 보여주라는 것이다. 나는 몇 십 년을 발레를 했지만 늘 무대에 설 때마다 떨린다. 그러나 그 떨림이 나쁜 것만은 아닐 것이다."

1992년 당시 〈로미오와 줄리엣〉 공연을 앞두고 강수진이 주역으로 선정되자 남자 발레리노들이 서로 그녀의 파트너가 되고 싶어 앞다퉈 예술 감독을 찾아가 부탁했다. 당시 기어코 수진의 파트너 자리를 따냈던 이반 카발라리는 그 이유에 대해 이렇게 말했다.

"강수진은 파트너를 잡아끄는 매력이 있다. 그녀는 정말 자신이 줄리엣이 된 듯 그 역에 깊이 빠져들기 때문에 나 또한 진짜

로미오가 된 것 같은 느낌이 든다. 그녀 말고는 그 누구도 나에게 그런 느낌을 갖게 한 무용수가 없었다. 그러니 누군들 그녀와 춤추길 원하지 않겠는가?"

이처럼, 몰입의 힘으로 무대 위에 선 그녀는 〈로미오와 줄리엣〉의 줄리엣 역을, 〈마술피리〉의 파미나 역을 매 공연 때마다 완벽하게 소화해냈다.

당시 예술 감독이던 마르시아 하이데는 초연 이후 자신이 입었던 무대 의상과 또 전 예술 감독 존 크랑코로부터 선물 받았던 반지까지 물려줌으로써 강수진을 '슈투트가르트의 줄리엣'으로 공식 인정하였다.

'슈투트가르트 발레단' 역사에서 존 크랑코가 차지하는 비중, 그리고 마르시아 하이데가 확보한 위치를 고려할 때, 그녀에게 전해진 이 반지의 의미는 곧 '슈투트가르트 발레단'의 간판자리에 대한 확실한 보장의 의미를 갖는 거나 다름없었다.

1994년 7월 3일 휴가차 잠시 한국에 들러 기자 회견을 갖는 자리에서 그녀는 기쁨 가득한 들뜬 목소리로 이렇게 자랑했다.

"'슈투트가르트 발레단'의 대부분의 레퍼토리를 안무한 유명 안무가 존 크랑코의 반지를 현재 이 발레단의 예술 감독인 마르시아 하이데로부터 전해 받았어요."

자신의 발레 인생을 되돌아보며 그녀는 말했다.

"저는 드라마처럼 사는 거 같아요. 뼈가 부러진 상태에서 4~5년을 보냈어요. 그때는 정강이뼈였고. 발 가운뎃뼈가 부러져서 철을 끼고 지낸 거죠. 보통 사람은 아파서 걷지도 못해요. 특히 수술하고 걷지 못하는 2~3주가 있었죠. 당연히 무용을 못했죠. 하지만, 저는 철을 끼고 공연했어요. 보통 사람이 회복하는 시간이 3개월 걸리는 것을 저는 몇 주로 앞당겼죠. 그 아픔은 두뇌가 깨질 정도로 아팠어요. 아픔의 고통이 말로 표현할 수 없었어요. 친구들도 저보고 미쳤다고 했어요. 그런데 그런 아픔도 아픈 것을 이겨내면 다음에 아팠을 때는 별로 안 아파요. 그만큼 아픈 것을 제 두뇌로 정신으로 이겨내는 거죠."

1993년 6월에는 '빈 국립발레단'의 객원 주역 무용수로 발탁되어 슈투트가르트 시의 '오페라 발레극장'에서 〈마타 하리〉를 공연했고, 이어 1993년 9월에는 베자르의 모던 발레 〈마술피리〉에서 주인공 파미나 역을 맡아 무대에 섰다. 이듬해인 1994년 10월 한국의 세종문화회관에서 '슈투트가르트 발레단' 내한 공연 때 〈로미오와 줄리엣〉에서 줄리엣 역을 맡아 주역으로 공연했다.

연습하다 보면, 발에 땀이 차고 물집이 잡히곤 했다. 사시사철 발톱이 빠지고 살이 짓무르면서 피가 났다. 쉽게 아물지 않는 상처 때문에 고름이 흐르기 일쑤였다. 피와 고름, 살이 슈즈 안에서 한데 엉겨 붙은 까닭에 토슈즈를 벗을 때엔 생살을 떼는 아픔을 느껴야 했다. 어떤 때는 발가락 사이에 쇠고기를 끼워 넣고 고통을 다소나마 줄여 보려고 애쓰기도 했다. 그녀는 이런 고백을 했다.

"발이 까졌거나 뼈에 이상이 있으면 토슈즈를 신었을 때 끔찍

할 정도로 아팠다. 발 손상이 너무 심할 땐 생고기를 토슈즈 안에 넣은 채 공연을 했고, 공연 중간에 보니 생고기 집어넣은 부분에서부터 피가 나왔다. 이를 악물고 공연을 마친 후 울었다."

그래서 외국인 발레리나 동료들은 그녀를 '강철 나비'라 부르곤 했다.

"중력이 나비의 날갯짓을 꺾을 수 없듯, 뜨거운 불길 속에서 쇳덩이가 제련되듯, 강수진은 유연하고 가벼우면서 또 강하고 곧다."

어느 날, 집에 놀러온 연인 튠츠가 수진의 발을 보며 이렇게 말했다.

"이게 어디 인간의 발이냐? 이걸 사진으로 남기고 싶다."

이때 찍은 그녀의 발 사진이 국내 TV 프로그램에 소개되었다. 뭉개지고 갈라진 발톱, 발가락마다 옹이처럼 튀어나온 뼈, 버섯 모양으로 퍼진 엄지발가락, 기괴하게 일그러진 발. 당시 그 사진을 본 시인 고은은 이렇게 자신의 심경을 토로했다.

"그녀의 발에 입맞추고 싶다."

1995년과 1996년에는 발레리나의 최고 영예인 시즌 오프닝 공연 〈잠자는 숲속의 공주〉에서 주역으로 무대에 서서 갈채를 받았으며, 1996년 8월에는 '유니버설 발레단' 초청으로 한국에 와서 〈지젤〉과 〈Les Nuages〉의 공연을 했다.

1996년과 1997년에는 시즌 〈오네긴〉에서 주역 타티아나를 맡아 공연함으로써, 수석 무용수(프리마 발레리나 principal dancer/etoile)로 등극하는 영예를 안았다. 각종 언론과 평론가들은 역사상 최고의 타티아나라며 그녀를 극찬했다.

1997년 3월에는 '국립 발레단' 초청으로 한국에 와서 〈노트르

담의 꼽추〉 공연을 했다.

어느 날 그녀는 이렇게 말했다.

"발레는 고통이라고 받아들이면 못해요. 삶을 살 때도 살아가는 과정에서 고통이나 아픔 없이 자랄 수 없잖아요. 그럴 때 고통을 자기 제일 친구처럼 생각하지 않으면 아무것도 못할 거 같아요. 특히 발레는 몸으로 하니까 항상 아픈 데가 있어요. 일 년에 하루 이틀만 안 아프지 계속 어딘가가 아프고, 안 아프면 희한해요. 고통을 못 이기는 사람, 자기를 못 이기는 사람 그런 성격이면 발레를 못 해요. 좋은 결과가 나왔을 때는 한 걸음을 뗀 거예요. 발레만 아니라 자기 자신이 말이죠. 한마디로 발레는 저에겐 요가예요."

"아침에 눈을 뜨면 늘 어딘가가 아프고, 아프지 않은 날은 '내가 연습을 게을리 했구나'하고 반성하게 돼요."

"힘들 때마다 절 일으켜준 건, 연습 또 연습이었습니다. 아침에 눈을 뜨면 피곤해서 오늘은 도저히 못할 것 같다는 생각이 들다가도, 일단 토슈즈를 신고 연습실에 서면 말할 수 없이 행복했습니다."

1998년 그녀는 '슈투트가르트 발레단'의 대표 레퍼토리인 〈카멜리아 레이디〉에서 주요 배역을 맡아 완벽하다고 여기질 만큼 배역에 몰입하며 섬세한 표현력과 정확한 테크닉, 무대를 압도하는 카리스마로 공연했다. 〈카멜리아 레이디〉의 파트너로 함께 무대에 올랐던 로버트 튜슬리는 이렇게 말했다.

"강수진 스스로 많은 것을 하고 있기 때문에 내 존재가 거의 무의미할 정도입니다. 함께 춤출 때면 어찌나 정열적으로 몰입하는지, 나 또한 내가 누구이고 어디에 있는지를 완전히 잊어버릴 정도이지요. 수진은 내가 여태껏 춤춰 본 파트너들 중에서 가장 재능 있고, 열정이 넘치고, 또 재미있는 최고의 파트너입니다."

1998년 7월 32세 때는 〈오네긴〉, 〈로미오와 줄리엣〉으로 성공적인 미국 데뷔를 했으며, 같은 해 대한민국 문화 관광부 선정 '오늘의 젊은 예술가상'을 수상했다.

하루는 강수진의 동료 발레리나가 이렇게 말했다.

"수진은 마치 붓다 같아요. 어떤 상황에서든 동요 없이 자기의 일과 역할에 몰입하거든요. 그래서 그녀와 함께 춤을 출 때면 마치 수행을 하는 느낌이 들지요."

동료의 이 말처럼, 막이 오르면 강수진 자신은 사라져 버리고 홀연히 극의 주인공만이 살아 움직이는 세상이 열리곤 했다. 하루는 그녀가 이렇게 말했다.

"항상 100%로 살고 있고, 그렇게 살 겁니다. 발레는 육체로 하는 거니까. 언젠가는 발레를 그만둘 날이 오겠죠. 하지만, 이렇게 열심히 노력했다면 후회는 없을 것 같아요. 왜냐하면, 하루하루 100% 살면 어느 분야든지 삶 속에서도 후회가 없을 거예요. 후회를 안 한다는 게 저 자신에게 중요하다는 걸 느끼면서 살아요. 95%를 살았으면 약간 뭔가 모자라서 잘 때 힘들어요.

몇 년 계획을 세워서 미래를 생각하는 것보다 하루 24시간이 제일 중요한 거 같아요. 나는 발레를 하며 다른 누구보다 즐길 수 있는 삶을 누립니다. 난 참 복 받은 사람입니다."

"발레는 춤이라기보다는 연기에 가까운 흡인력을 가져야 해요."

1999년 4월 33세 때, 독창성을 가미한 완벽한 표현력과 화려하면서도 섬세한 테크닉 등을 지녔다는 평가를 받아, 그녀는 동양인 최초로 국제무용협회가 주는 '브누아 드 라 당스(Benois de la Danse)'라는 최고 여성 무용수상을 받았다. ('브누아 드 라 당스'는 모스크바에 본부를 두고 있는 국제무용협회에서 수여하는 권위 있는 무용상이다. 이 상은 아마추어나 신인이 아닌 또 일반 경연 대회와는 달리, 세계 정상급 발레단들의 작품과 무용수들을 대상으로 엄격히 심사하여 주는 세계 무용계의 오스카상이라 불릴 정도로 최고의 권위 있는 상이다.)

같은 해 10월 그녀는 대한민국 보관 문화 훈장을 수여받았고, 세계적인 명품 브랜드 '페라가모'의 모델이 되기도 했다.

1930년대에 세계를 주름잡은 불멸의 무용수 최승희의 뒤를 이어 가장 각광받는 무용수가 된 뒤, 그녀는 당시 기쁜 마음을 이렇게 표현했다.

"이젠 내게 춤이 편안합니다. 연습은 여전히 힘들지만 춤은 그 자체로 즐길 수 있다랄까요. 정말로 춤을 사랑하게 됐다는 증거죠."

축제의 분위기 속에서 영예의 상을 받아 행복해 하던 1999년

12월, 불행히도 그녀는 다리에 금이 갔다는 의사의 진단을 받게 되었다. 의사는 간곡히 권면했다.

"어쩌다 다리가 이 지경이 되도록 참았느냐? 앞으로는 공연은 물론 연습도 안 된다. 다 중단하고 무조건 쉬어야 한다."

일단 뼈가 완전히 붙을 때까지는 운동을 아예 할 수 없다는 의사의 말에 수진은 좌절했다. 고민을 거듭한 끝에 그녀는 결국 무기한 휴식에 들어갔다. 당시를 회고하며 그녀는 이렇게 말했다.

"〈지젤〉을 준비하는데 왼쪽 정강이 부분이 아파서 걸을 수가 없었어요. 병원을 찾았더니 뼈에 금이 갔으니 붙을 때까지 안정을 취해야 한다고 하더군요. 하루도 연습을 쉰 날이 없던 제겐 청천벽력 같은 말이었어요. 5년 전부터 통증이 있긴 했지만 무용수의 다리가 아픈 것은 당연하다고 생각하며 대수롭지 않게 넘긴 것이 화근이었어요. 부상으로 인한 고통보다 활발하게 활동해야 할 나이에 위기가 찾아온 것이 원망스러웠어요."

발레단에 들어온 뒤 하루도 쉬지 않았던 연습은 무기한으로 중단되었다. 그녀의 연습 강도에 맞춰 단단하게 빚어졌던 근육들은 하루가 다르게 사라지기 시작했다.

"난생 처음으로 견딜 수 없는 고통을 느끼고 연습을 중단해야만 했어요. 너무 가슴이 아팠어요. 가슴이 찢어진다는 말이 실감날 정도로요. 하지만 발레를 사랑한다면 이 정도 고통은 감수해야 한다고 생각했죠. 내가 정말 원하는 건 한때 반짝 빛났다가 사라지는 발레리나가 아니라 끝까지 무대를 지킬 수 있는 영원한 발레리나이니까요. 그래서 마음을 단단히 먹고 완전히 몸이 회복될 때까지 쉬리라 작정했어요. 가장 먼저 한 일은 미용실에 가서 머리를 잘랐어요. 기분 전환도 하고, 또 머리가 조금씩 자라는 걸 보면서 다시 무대에 설 날이 가까워지는 걸 확인하고 싶었죠."

주위 사람들은 그녀가 더이상 발레를 할 수 없을 것이라 여겼다. 이는 발레리나에게는 사실상 사형 선고가 내려진 것이나 다름없었다. 그런 그녀에게 발레를 계속할 수 있다고 위로한 사람은 튠츠뿐이었다. 그녀가 재활 치료를 하는 동안, 그녀 곁에는 언제나 튠츠가 있었다.

튠츠는 조울증처럼 의기소침했다가 활기를 내비치곤 하는 그녀를 위해 상담가 겸 심리 치료사가 되어 그녀 곁을 지켜 주었다. 그는 또 마사지와 침술 등을 배우고 재활 의학에 대해 공부하여 그녀를 간호해 주면서 그녀의 뼈가 아물기를 기다렸다.

뼈가 붙자마자 재활을 시작했다. 1년을 꼬박 쉬었기 때문에 그녀의 몸에는 근육이 하나도 남아 있지 않았지만, 기초적인 스트레칭부터 다시 시작했다. 튠츠는 '할 수 있다'며 계속 격려했다. 뿐만 아니라, 그녀의 빠른 복귀를 위해 요가를 응용한 특별 스트레칭을 고안해 내어 그녀에게 적용시켰다.

발레리노 출신인 그는 발레에 필요한 근육이 어떤 것인지, 어떻게 근육을 풀어주는 것이 효과적인지 잘 알고 있었기에 가능했다. 그녀는 튠츠의 지도하에 3개월간 꾸준히 스트레칭과 요가를 했다. 점차 그녀의 망가진 근육과 유연성은 회복되어 갔다. 감각을 잃지 않기 위해 그녀는 요가와 명상, 공연 관람, 음악 감상 등도 겸비했다.

재활 훈련을 계속해 나가자, 튠츠가 개발한 특별 스트레칭은 빛을 발하기 시작했다. 튠츠의 헌신과 그녀의 지독한 인내는 마침내 2001년 4월 중국과 홍콩 순회공연에서 〈로미오와 줄리엣〉과

〈말괄량이 길들이기〉를 통해 복귀 무대를 화려하게 장식하도록 해주었다.

재기가 가능할까 마음을 졸이던 팬들, 발레단 스태프들은 전혀 빛이 바라지 않은 수진의 공연을 보며 아낌없는 찬사와 박수를 보내 주었다. 그러나 누구보다도 기뻤던 것은 바로 수진 자신이었다.

"열심히 재활 훈련을 했더니 더욱 뼈가 단단해지고 좋은 몸 상태를 갖게 됐어요. 이것이 내가 아직도 춤을 출 수 있는 비결이에요."

"무대를 떠나 있는 동안 행복하지 않았어요."

"부상에 대한 충격이 컸나 봐요. 공연을 잘 치르고 나서도 몸이 굳어 제대로 춤을 출 수 없을지도 모른다는 두려움이 남더라고요. 그때 제가 마음을 다잡을 수 있도록 곁에서 지켜준 사람이 바로 지금의 남편이에요."

"발레리나의 길은 아픔을 일상으로 껴안아야 하고 개인의 사사로운 욕망과는 거리를 두어야 하는 고단하고 외로운 길입니다. 그 길을 견디게 하는 것은 발레에 대한, 예술에 대한 사랑입니다."

"남을 위해서가 아니라 자기 자신이 그 일을 사랑하고 최선을 다한다면 언제든 누구에게나 꿈을 이루는 날은 올 겁니다."

그녀는 복귀 무대를 마치고 흐르는 눈물을 참을 수가 없었다.

"무용에 대한 끊임없는 열정만이 경쟁도, 슬럼프도 극복할 수 있다."

"포기하지 않으면 어느 순간 꿈이 현실로 와 있게 된다. 차근차근 계속 해나가는 마음가짐이 중요하다. 언젠가는 지금 배우는 것들이 삶에서 다 드러나게 된다."

2001년 어느 날 석양 무렵, 그녀는 터키의 바닷가에서 튠츠 셔크만에게 프러포즈를 받았다. 터키 출신의 튠츠는 '슈투트가르트 발레단'에서 15년이나 함께 활동해 온 선배이자 동료였다. 극장 계단에서 처음 마주치는 날 첫눈에 반해 버렸다는 튠츠는 서두르지 않고 조용히 그녀를 배려하며 오래도록 그녀의 곁을 지켜줬다. 그녀와 사귀던 중 1990년대 초반부터 그녀의 개인 매니저를 맡아왔다. 발레리노로 활발하게 활동하던 튠츠는 발레리노의 고질병이라고 할 수 있는 허리 디스크 때문에 1996년 '슈투트가르트 발레단'을 그만둘 수밖에 없었다. 그 이후 그는 발레 지도자 과정을 이수하고, '만하임 발레단' 등에서 발레 마스터로 일하면서 강수진의 매니저로서 활동을 시작했다. 발레리나로서 절정의 위치에 있던 그녀에게 매니저는 반드시 필요했다. 더구나 현실을 직시할 줄 알면서도 수진을 절대적으로 아끼고 사랑하며 항상 곁에서 자상하게 보살펴 주는 튠츠는 하늘이 내려준 선물이었다.

튠츠의 덕택에, 자신의 건강을 비롯하여 다른 일을 챙기는 것에 서툴었던 그녀는 행복을 얻게 되었다. 튠츠는 그녀가 발레에 온전히 집중할 수 있도록 모든 일을 알아서 다 해결해 주었다. 타국에서 연습이나 무대가 끝나고 맥이 풀렸을 때 그녀는 튠츠의 자상한 보살핌을 받으며 휴식을 취할 수 있었다. 응석이나 투정도 마음껏 부릴 수 있어 좋았다. 튠츠와의 안정된 사랑을 통해 그녀는 오직 발레에만 모든 신경을 집중할 수 있었다.

2002년 1월 36세 때 그녀는 튠츠 셔크만과 결혼식 없이 혼인 신고만 하고는 정식 부부가 됐다. 발레단에서 선후배로 만난 지 15년 만에, 서로 사랑하는 연인이 된 지 7년 만에 이룬 멋진 열매였다. 긴 연애 기간에도 불구하고 한국인이 아니라는 이유로 튠츠를 선뜻 받아들이지 못했던 그녀의 부모도 결국 두 사람의 사랑과 결혼을 인정해 주었다. 그리하여 두 사람은 양 가족들의 축복을 받으며 결혼할 수가 있었다.

결혼식 날 아침, 슈투트가르트 시청에서 조촐하게 예식을 마치자 그녀는 곧장 발레단으로 출근했다. 매일 하던 연습을 거르지 않기 위해서였다. 그런 그녀를 신랑은 미소로 배웅했다. 자연스레 신혼여행도 생략되었다.

2002년에 수진은 입단한 지 15년이 지나야만 자격이 주어진다는 '슈투트가르트 발레단'의 종신회원으로 임명되었다.

"나는 살면서 단 한 번도 다른 삶을 동경해 본 일이 없어요. '혹시'라고 가정해 본 일조차도요. 나는 단지 '나'로 살 뿐이죠. 파격적이고 격정적인 사랑과 생활은 무대 위에서 경험하는 것만으로 충분해요. 아니, 무대 위에서 그에 완전히 몰입하려면 오히려 현실에선 흔들리지 않는 평상심을 유지하는 게 필요하지요. 그런 점에서 결혼은 내게 아주 큰 선물이죠. 그렇다고 나의 결혼 생활이 심심하고 재미없을 거 같다고 생각한다면 그건 오해예요. 똑같아 보여도 매 순간이 다 다르거든요."

그리고 이렇게 덧붙였다.

"남편과는 결혼 전 친구로 10년 이상 가까이 지냈어요. 부상을 입은 후 제 곁을 떠나지 않고 힘이 돼 준 그에게 점점 빠지게 됐죠. 남편 말로는 그때까지 제가 자기 마음을 알아주지 않아 속을 많이 태웠데요."

튠츠는 예전에 로미오 역으로, 또 줄리엣의 사촌오빠인 티볼트 역으로 그녀와 같은 무대에 섰다. 그때를 떠올리며 그녀는 이렇게 말했다.

"남편은 때로는 로미오처럼 로맨틱하기도 하고, 때로는 티볼트처럼 불같은 사람이에요."

아내의 건강을 위해 식탁을 준비하는 요리사이자 힘든 일상을 잊게 해주는 희극 배우로 한결같이 곁을 지키고 있는 남편에 대한 애정을 그녀는 이렇게 표현했다.

"무용수 출신이어서 나의 육체적 정신적 고민을 잘 이해해 주기 때문에 그는 내게 많은 도움이 된다. 나는 집에 들어가면 남편과 발레 이야기는 거의 하지 않는다. 둘이 오붓이 소파에 걸터앉아 세상 살아가는 이야기를 하는 시간이 가장 즐겁다. 전 사실 감정적인 편이라서 웃음도 많고 눈물도 많아요. 남편과 함께 있으면 항상 웃게 되고 울 것 같은 날에도 미소를 짓게 되죠. 매일같이 '아름답다'고 말해 주는 남편이 있는데 어떻게 웃지 않을 수 있겠어요. 그를 만난 건 정말 행운이에요."

하루는 아이를 낳고 싶은 생각이 없냐는 질문을 받자, 이렇게 말했다.

"아이요? 아이 갖기 위해 노력했지만 뜻대로 안돼서 이젠 마음 편하게 갖기로 했어요. 지금 충분히 행복해요. 세상에 노력해도 안되는 일이 있다는 걸 알았어요. 결혼하고 나서 남편과 아이를 갖기 위해 노력을 많이 했거든요. 나중에는 너무 스트레스를 받아 힘들더라고요. 남편이 힘들어하는 제 모습을 보더니 '편하게 생각하자'고 말해줘 부담감을 털어냈죠. 2세는 언젠가 때가 되면 생길 것 같아요. 지금은 강아지 '킹콩'과 고양이 '캔디'를 자식처럼 생각하고 살기 때문에 행복해요."

2000년에는 해외동포상을, 2001년에는 호암상 예술상을 각각 수상했고, 2005년에는 스위스 로잔 콩쿠르의 심사위원으로 활약했다. 이어 2007년 3월에는 '슈투트가르트 발레단'의 50년 역사상 단 4명에게만 주어진 독일 바덴뷔르템베르크 주정부로부터 '캄머텐처린(Kammertanzerin)'에 선정되었다.

'캄머텐처린'은 '궁중 무용가'를 뜻하는데, 이는 독일과 오스트리아 양국 정부가 세계 문화 예술 발전에 헌신한 최고 무용인에게 부여하는 일종의 장인 지정 제도이다.

해마다 대상자를 물색하되 적임자가 있을 때만 시상하며, 수상자들은 자신이 원하는 예술 단체를 선정해 그 단체에서 활동할 수 있는 권리를 부여받을 뿐만 아니라, 범죄 행위에 연루될 경우 면책 특권까지 받는 혜택이 주어진다.

그 당시까지 선정된 '캄머텐처린'으로는 강수진을 포함해 고작 4명뿐이었다. 그녀의 수상 소식에 누구보다도 기뻐하는 부모에 대해 그녀는 이렇게 토로했다.

"열다섯에 유학을 간 뒤 부모님과 함께 제대로 시간을 보낸 적이 없어요. 발레에 빠져 살다 보니 그렇게 됐죠. 모나코에 있을 때는 일주일에 한 번 통화를 하면서 전화기를 붙잡고 엉엉 울었던 기억이 나요. 독일로 옮겨가게 됐을 때도 제 생활에 바빠 부모님을 제대로 챙겨 드리지 못했기 때문에 늘 미안한 마음뿐이에요."

2007년 9월에는 존 크랑코의 전통을 가장 잘 이어가고 있는 무용수에게 수여하는 '존 크랑코상'을 수상했다.

데뷔할 때부터 곁에서 강수진을 지켜보아온 슈투트가르트의 예술 감독 리드 앤더슨은 이렇게 평가했다.

"강수진은 데뷔 때보다 지금이 더 아름다운 발레리나입니다. 그녀는 시간이 흐를수록 빛나는 무용수입니다. 그녀는 아무런 치장 없이, 화장도 하지 않은 자연 그대로의 모습으로 아침마다 연습실에 들어섭니다. 조용하고 꾸밈없이 등장한 그녀는 아무런 동작을 하지 않은 채 가만히 서 있기만 해도, 그녀만의 강렬한 카리스마로 곧 사람들을 끌어당깁니다. 수진은 뛰어난 재능, 헌신적인 노력, 강한 의지뿐만 아니라 보기 드문 카리스마를 갖고 있기에 나는 그녀를 진정한 예술인이라고 평하는 데 주저하지 않습니다."

그녀의 출연작으로는 1992년 〈마타 하리〉, 1992년 〈로미오와 줄리엣〉, 1993년 〈마술피리〉, 1994년 〈잠자는 숲속의 미녀〉, 1996년 〈오네긴〉, 1996년 〈지젤〉, 1997년 〈노트르담의 꼽추〉, 1998년 〈카멜리아 레이디〉, 1999년 〈갈라〉, 2002년 '슈투트가르트 발레단' 내한 공연 〈카멜리아 레이디〉, 2004년 '슈투트가르트 발레단' 내한 공연 〈오네긴〉, 2006년 '국립 발레단' 기획 〈2006년 스페셜 발레 갈라〉 등이 있다.

어느 날, 그녀는 40대로 접어든 소감을 이렇게 말했다.

"20대 때는 자세도 유연하지 않았고, 연기 표현력 또한 좋지 않았어요. 하지만 끊임없이 도전해서 지금은 20대 때보다 희로애

락도 더 잘 표현해요. 그렇게 해서 만든 지금의 내 몸이 너무 맘에 들어요. 수십 년 동안 노력한 것이 아까워서 절대로 옛 시절로 못 돌아가요."

"서른 살 때쯤 되었을 때 제가 마흔까지 간다는 걸 생각도 못했는데 마흔 넘으니까 지금이 제일 재밌어요. 젊어지기 싫고 서른으로 가기 싫고. 스무 살 특히 가기 싫고. 저는 지금이 제일 좋아요." "자기가 배우고 자기 몸을 더 가르쳐서 균형이 잘 맞아야 하는데 40이 넘은 다음에 예전보다 더 잘 맞는 거 같아요."

"조금씩 전진하는 느낌이라 나이드는 것이 좋다. 젊을 때는 몰랐던 것을 이해할 수 있어서 나이가 드는 게 재미있다. 젊어지고 싶지 않다."

독일 슈투트가르트는 마치 발레리나 강수진의 도시가 되어 버린 듯하다. 독일 무형 문화재로 등재되어 있는 그녀는 지금 독일 발레리나의 간판스타이자 슈투트가르트에서 가장 사랑받는 예술가 중 한 사람으로 우뚝 서 있다. 우선 거리에서는 강수진이라는 이름의 전차가 제일 먼저 반긴다. 시내를 오가는 전차를 장식하고 있는 공익 광고에서 환히 웃고 있는 강수진을 자주 만날 수 있다. 최근에는 노선버스에도 강수진이 클로즈업된 '슈투트가르트 발레단' 광고가 등장했다. 또 화원에는 '강수진'이라 명명한 난이 인기를 끌고 있다. 서양에서는 난의 신품종을 개발할 때 유명인의 이름을 붙이곤 하는데, 슈투트가르트 '난 재배업협회'가 1998년 노란색 꽃이 피는 신품종을 개발하면서 인기 절정의 발레리나 강수진의 이름을 붙여 놓았던 것이다. 강수진 난을 분양받기 원하는 이들이 하도 많아, 분양받으려면 여섯 달 이상 기다려야 한다.

사백 년 가까운 역사를 자랑하는 유서 깊은 '슈투트가르트 발레단'의 주무대인 바덴뷔르템베르크 주립 극장에서는 '슈투트가르트 발레단'의 시즌 오프닝을 비롯해 주요 공연의 주역을 그녀가 도맡고 있어, 그녀는 슈투트가르트의 꽃이요 공주로서 존경과 사랑을 한몸에 받고 있다.

정동 극장장이자 전 '국립발레단' 단장인 최태지가 그녀에 대한 찬사를 늘어놨다.

"백 명의 외교관이 할 수 있는 일을 그녀는 지난 20여 년 전부터 해오고 있습니다. 국제발레콩쿠르의 유명 심사위원들은 내가 한국에서 온 심사위원이라고 소개하면, 대부분 강수진이란 이름부터 말합니다. 그녀가 한국 출신이란 것만으로도 국제무대에서 한국 발레의 위상은 그만큼 높아지게 된 것입니다. 한국을 넘어 동양을 대표하는 발레리나로 우뚝 선 강수진 씨는 그래서 무용을 하는 우리에게는 더욱 자랑스럽고 소중한 존재입니다."

하루는 그녀가 이렇게 말했다.

"나는 쉬지 않는다. 휴가를 한 번도 간 적이 없다. 술을 마시거나 클럽에 가지도 않는다. 유유자적 쇼핑가를 거닐거나 자기 집을 인테리어 잡지에 나오는 것처럼 멋지게 꾸미지도 않는다. 그 많은 해외여행도 공연을 위한 여행일 뿐, 개인적인 여행이 아니다. 얼마 전 한국에서 지방 공연을 했다. 아주 좋았다. 버스 타고 이동하면서 처음으로 한국의 자연을 봤다. 참 아름다웠다. 제주

도도 꼭 가보고 싶다.”

“나는 ‘쉰다’는 단어 자체를 싫어한다. 밥 먹을 때나 잠 잘 때를 빼고는 움직이는 걸 좋아한다. 쉬는 것은 나중에 무덤에 가서도 얼마든지 할 수 있다. 그래서 동료들은 나를 머신(기계)이라고 부른다.”

“언제부턴가 나는 잠을 잘 자지 않게 됐다. 시간이 아깝기 때문이기도 하고, 수시로 바뀌는 시차 때문에 신체 리듬이 혼란스러워졌기 때문이기도 하다. 대륙을 가로질러 아시아나 미국 대륙에서 무대에 설 때면 한숨도 자지 않고 공연 무대에 오른다. 예전엔 잠을 못 자면 컨디션 조절에 실패할까 봐 늘 불안해했다. 지금은 그런 불안감마저도 없다. 연습을 많이 한다고 악조건이 문제되지 않는 건 아니다. 어떤 조건에서든 최상의 공연을 보여줘야 하는 거, 그거 하나뿐이다.”

발레 공연할 때 그녀의 표현력만큼은 독보적이라는 평가에 대해 그녀는 이렇게 말했다
“그건 그냥 타고난 거다. 나도 몰랐다. 나는 내가 늘 내성적이고 소심한 사람인 줄 알았다. 발레를 하면서 내 안의 표현 욕구를 알게 됐다. 표현이 강점이기 때문에 내가 가장 좋아하는 장르도, 잘하는 장르도 네오클래식이다.”
그녀는 자신의 하루 일상에 대해 이렇게 간략히 요약했다.
“새벽 5시에 일어나서 강아지 산책시키고, 10시부터 6시까지 연습하고, 집에 와서 강아지 챙기고….”

'슈투트가르트에서만 발레 생활을 해왔는데, 다른 발레단으로 옮기고 싶은 적은 없었나?'라는 질문에는 이렇게 대답했다.

"있었다. 아주 초창기에, 내가 불행했을 때. 무용단 분위기가 생각했던 것과 달라서, 여기 사람들이 꽉 막혀서, 음식이 맛없어서, 날씨가 추워서 등등 때문에. 그런데 이런 문제들은 남의 탓이 아니다. 모든 게 자기 문제다. 지금은 슈투트가르트처럼 편한 곳이 없다. 세상에서 가장 체계적인 시스템을 자랑하는 독일의 발레단답게 '슈투트가르트 발레단'은 모든 시스템이 무용수들에게 편하게 되어 있다. 복잡한 서류 작업이나 쓸데없는 행정 업무가 전혀 없다. 오로지 무용에만 몰두하면 된다."

그녀는 한국의 이화여자대학 무용과에서 주최한 2006년도 무용과 진로 특강에서 '세계적인 발레리나 강수진의 춤 세계'라는 주제에 대해 이렇게 말했다.

"남과 나를 비교하는 것에 애쓰지 말라. 많은 사람들이 동양인, 특히 한국인이기 때문에 발레를 할 때 신체적으로 떨어지는 면이 있지 않냐고 질문을 한다. 그러나 그것은 자기 생각하기 나름이다. 만약 그렇게 생각한다면 콤플렉스가 생기게 되고 벗어나기 힘들게 된다. 유학 온 사람들이 그런 콤플렉스에서 벗어나지 못하는 경우를 많이 보았다. 좀 넘어지고 약해 보여도 무엇인가 특별한 사람이 눈에 띈다. 더군다나 지금은 내가 유학을 갔을 당시(1982년)보다 상황이 많이 바뀌었기 때문에 적응하기 훨씬 쉬워졌다."

"특히 발레는 기술만 가지고는 할 수 없다. 표현력도 뛰어나야 한다. 여기에서 자신감이 특히 중요하다. 자신이 없으면 표현이 나오질 않는다. 또, 기술도 자신이 없으면 소용이 없다. 이를 위해서는 자기 자신을 사랑하는 것이 중요하다. 자신의 개성, 성격은 사람마다 다르다. 그렇기에 남과 비교하느라 에너지를 소비하는 것은 시간 낭비이다. 모든 분야에서 가장 중요한 것은 '자신'과의 싸움이다. 매일 매일 자신을 극복하기 위해 노력한다면 바빠서 남과 비교할 시간도 없다. 나는 근육 하나를 키우기 위해 엄청 많은 노력을 했다. 발레를 하는 학생들이 힘들다고 3일, 5일 연습하고 쉬는 것은 무엇인가 되려고 하는 사람에게는 해서는 안 될 행위다."

"어디서든지 듣고 배우려고 애쓰라. 나는 무엇이든지 들으려고 애를 썼다. 연습할 때도 배우지만 다른 분야의 것도, 심지어 의사소통하고 인간관계에서 발생하는 일들에서도 배우려고 애를 썼다. 내가 발견한 것은 하면 할수록 무엇이든지 성숙해진다는 것이었다. 그런데 자기가 무엇을 가졌는지 모르는 사람이 매우 많은 것 같다. 그것은 억눌러서 나오지 않는 것이라고 생각한다. 나도 이전에 작품들을 대할 때 '내가 과연 이 작품을 할 수 있을까'라고 생각했지만 감정을 조절하는 법을 익힘으로써 해낼 수 있었다."

"발레는 다른 예술들보다 활동할 수 있는 시간이 짧다. 죽을 때까지 하기 힘들다. 그래서 연습은 필수다. 나는 3시간만 자고 연습에 몰두했다. 새벽 5시에 일어나서 연습했고, 밤 12시가 넘어도 연습실로 늘 향했다. 시간은 사람이 만든 개념 아닌가. 시간을 안 보면 시간 가는지도 모르겠더라. 나는 한 번 쉬면 회복기가 더 길어진다는 것을 발견했다. 부상당했을 때도 연습은 계속되었다. 침대에서 일어나지 못하는 한이 아니면 계속 연습실로 향했다. 나는 우리 발레단에서 가장 나이가 많은 사람이지만 가장 오랫동안 깨어있는 사람이다. 물론, 부상 때문에 팔이나 다리를 들어 올리지 못하거나 구부리지 못할 때도 있었다. 그러나 막상 무대에 서서 흥분하면 내 몸의 아드레날린이 활성화되었고 몸의 움직임이 달라지는 것을 느낄 수 있었다. 그렇기에 게으른 사람은 무엇인가 하기 어렵다는 말을 하고 싶다. '나는 저 사람보다 부족하다'라는 사실에서 계속 벗어나지 못하면 안 된다. 물론 재능도 중요하다. 그러나 재능보다 더 중요한 것은 연습이다. 같은 동작도 계속해서 연습하다 보면 다른 의미를 읽을 수도 있다."

"발레에 몰두해 있는 자신을 발견할 때 가장 아름답다고 느낀다. 앞으로 발레를 하는 후배들에게도 이 느낌을 전해 주는 일을 계속하고 싶다."

어느 날, 그녀에게 후학 양성의 뜻을 묻자, 이렇게 말했다.

"5년 후가 될지, 10년 후가 될지 모르지만 언젠가 저도 무대에서 내려올 날이 있겠죠. 그때가 되면 독일에서든, 한국에서든 작은 스튜디오를 열어 후배들을 가르치고 싶어요. 아직 확신할 정도는 아니지만, 그때가 되면 자연스레 진심으로 원하는 쪽을 선택할 것 같아요."

2012년 5월 46세 때 그녀는 이렇게 말했다.

"10대 때는 좋아서 했고, 20대 때는 무조건 열심히 했고, 30대 때는 내가 뭘 하는지 알고 춤을 췄죠. 40대가 된 지금은 비로소 무대 위에서 즐길 수 있게 됐습니다."

"나는 어제보다 오늘이 더 행복한 여자예요."

"요즘도 매일 아침 6시 반에 직접 개발한 체조로 하루를 시작해요."
"아직 은퇴를 생각해 본 적은 없어요."
"2002년 내한 공연 때를 생각하면 아직도 벅차고 설레지만 그때보다 지금 더 풍성해진 연기를 할 수 있을 것 같아요. 더 많은 경험을 했고, 더 긴 세월을 지나오면서 그것들이 몸에 녹아 감정을 표현하는 데 긍정적인 영향을 주죠."

평소 시원시원하고 긍정적인 성격과 다르게 그녀의 춤은 슬픈 연기가 돋보이는 발레에서 화려한 빛을 발한다. 그녀는 이렇게 말했다.
"클래식 발레와는 다르게 드라마 발레를 준비할 때는 책을 많이 읽고 역할을 내 것으로 만들기 위해 노력해요. 동작의 모든 의미를 생각하고 평소에도 그 캐릭터에 푹 빠져 지내요."

2012년 6월 15일 세종문화회관에서 펼치는 〈카멜리아 레이디〉의 공연에 앞서 이렇게 말했다.
"10년 전보다 더 풍성해진 감정으로 무대에서 즐길 수 있을 것 같아요. 그때 머리로 춤을 췄다면 지금은 자유로워진 영혼의 춤을 볼 수 있을 거예요."

"이 정도면 됐다고 생각하는 순간 더이상 예술가가
아니죠. 요즘도 매일 새롭게 달라지는 몸을 느껴요. 부
상 이후 더 몸에 집중하게 됐지요."

다음은 그녀가 독백처럼 진솔히 들려준 말들이다.
"저는 발레를 하면서 경쟁자를 생각한 적도 어떤 목표를 가져
본 적도 사실 없습니다. 모든 작품, 모든 동작, 모든 연습에 그저
최선을 다했을 뿐이에요. "
"나는 나를 혹평하는 편이기 때문인지 내가 세계적인 발레리
나가 될지는 몰랐다. 단지 하루하루를 열심히 살면 후회하지 않
는 인생이 될 것이라고 생각했다."
"예술가의 길을 간다는 것. 특히 발레를 한다는 것은 날마다 죽
음의 고통과 부활의 기쁨을 동시에 경험해야 하는 특별한 삶을
선택한다는 것을 의미한다고 생각해요."
"발레에 인생을 바쳤고, 지금까지 최선을 다해 발레를 해왔고,
그래서 내 삶에 후회는 없습니다."

다음은 그녀가 기자들의 질문에 대한 답변이다.
"연습은 아침에 일어나서부터 시작합니다. 공연이 있는 날은
밥 먹고, 자는 시간 빼고는 연습하지요."
"지금 제 발은 그때 사진과는 달라요. 아마 인터넷에 실린 사진
은 스물 몇 살 때 찍힌 사진일 거예요. 지금 제 발 보면 끔찍해요.
그 사진은 참 아름다워요. 제가 봐도. 그냥 보면 웃어요. 신랑이

제 발을 찍었어요. 장난으로 너무 이상해서. 제 발을 보고 있으면 그래도 기특한 거 같아요. 못생겼어도."

"나의 힘은 꾸준한 노력이에요. 한 번도 벼락치기 안 해 봤어요. 옛날에 한국에서 학교 다닐 때는 해봤지만 자기 자신의 싸움에서 누구랑도 경쟁하지 않고 자신을 이기는 것이 중요해요. 또, 인내심이 없으면 모든 것을 못해요. 인내심, 꾸준한 노력, 자기와의 경쟁이 중요해요."

"다른 무용수를 바라보며 질투하고 경쟁하기보다는 자기 안에 목표를 설정해 두고 그것에 도달하기 위해 노력했어요. 목표가 있기에 반복적인 연습의 일상이 한 번도 지루하거나 심심하지 않았습니다."

다음은 발가락 마디마디에 굳은살이 박혀 나무뿌리처럼 보이는 두 발로 한 해 토슈즈를 250여 켤레 이상 갈아치우는 그녀가 짬짬이 들려준 조언들이다.

"힘들게 안 살면 나중에 기쁠 때도 얼마나 기쁜지 모른다. 난 지금도 무대에 설 때는 떨린다. 떨림을 극복할 수 있는 것은 꾸준한 연습 덕이다. 연습을 통해 나 자신을 믿게 된다."

"무용수는 안무가들이 어떤 동작을 요구할 때 개성을 담아 표현할 수 있어야 하는데 그러려면 어떤 움직임도 소화할 수 있는 몸을 만들어야 한다."

"내게는 오늘 하루 열심히 사는 것이 인생 목표였고, 고독이 가장 무서운 병이었다."

"나는 나의 성공을 남의 혼을 끌어내려는 집중력 때문이라고 생각한다. 반복적 연습만으론 예술을 만들 수 없다. 대본을 읽고 생각하고 또 생각한다. 배경 음악은 귀로 듣기보다는 몸으로, 세포로, 영혼으로 들으려 노력한다."

"여기가 끝이고 이 정도면 됐다고 생각할 때 그 사람의 예술 인생은 거기서 끝나는 것이다."

"나의 좌우명은 '포기하지 말라'이다."

그녀가 발레리나 후배들에게 이렇게 당부했다.
"한 장르만의 테크닉에 연연하지 말고 발레를 통해 기본기를 다지고 다른 장르의 춤도 열심히 한다면 훌륭한 무용수가 될 수 있을 것이다. 표현력과 상상력도 키워야 하므로 책도 많이 읽고, 그림도 많이 보는 노력을 하길 바란다."

〈강수진의 성공 DNA〉

1. 무엇이든지 들으려고 애를 썼다.

2. 연습 때부터 작품 속의 맡은 역할에 빠져들었다.

3. 시간이라는 개념을 잊어버리고 연습에만 몰두했다.

4. 지칠 줄 모르는 근성으로 전진했다.

5. 꾸준한 노력을 성공의 발판으로 삼았다.

6. 인내심을 길렀다.

7. 자기가 가는 길을 꾸준히 꼿꼿이 당당히 걸어갔다.

8. 자기 자신을 누구보다도 사랑했다.

9. 끝까지 포기하지 않았다.

10. '쉰다'는 단어를 싫어했다.

11. 자신과 경쟁하며 매일 조금씩 발전하는 재미를 느꼈다.

12 아픔을 일상으로 껴안고 나아갔다.

13. 후회하지 않는 삶을 위해 하루하루 100% 살았다.

14. 무용에 대한 끊임없는 열정으로 경쟁과 슬럼프를 극복할 수 있었다.

15. 작품 속에서 남의 혼을 끌어내려는 집중력이 있었다.

16. 표현력과 상상력을 키우려고 노력했다.

17. 일등 했다는 생각을 그날로 잊어버리고, 자기 길을 꾸준히 걸어갔다.

18. 빨리빨리 가려고 생각하지 않았다.

19. 배경 음악을 귀로 듣기보다는 몸으로, 세포로, 영혼으로 들으려 노력했다.

20. 오늘 하루 열심히 사는 것이 인생 목표였다.

21. 어떤 움직임도 소화할 수 있는 몸을 만들려고 노력했다.

22. 나이드는 것을 조금씩 전진하는 좋은 느낌으로 받아들였다.

23. 자신의 목표에 도달하기 위해 노력했다.

24. 자기 자신과의 싸움에서 자신을 이기는 것이 중요하다고 생각했다.

25. 발레에 대한, 예술에 대한 사랑이 있었다.

26. 모든 작품, 모든 동작, 모든 연습에 최선을 다했다.

27. 몸이 아프지 않은 날은 '내가 연습을 게을리 했구나'하고 반성했다.

28. 발레에 몰두해 있는 자신을 발견할 때가 가장 아름답다고 느꼈다.

29. 의사소통과 인간관계에서 발생하는 일들에서도 배우려고 애를 썼다.

30. 감정을 조절하는 법을 익혔다.

31. 남과 비교하느라 에너지를 소비하지 않았다.

32. 현실에선 흔들리지 않는 평상심을 유지하려고 했다.

33. 부상으로 발레를 쉬는 기간에도 감각을 잃지 않으려 애썼다.

34. 발레를 사랑한다면 고통쯤은 감수해야 한다고 생각했다.

35. 부상당하면 더 연습했다.

36. 어떤 상황에서든 동요 없이 자신의 일과 역할에 몰입했다.

37. 스스로 만족할 만한 자세가 나올 때까지 하루에도 수천 번 같은 동작을 반복했다.

38. 아픈 것을 정신으로 이겨냈다.

39. 자신만의 강렬한 카리스마가 있었다.

40. 부모의 뒷바라지가 있었다.

41. 마리카 베소브라소바의 사랑과 헌신이 있었다.

42. 남편과의 안정된 사랑을 통해 오직 발레에만 모든 신경을 집중할 수 있었다.

43. 노력하면 할수록 무엇이든지 성숙해진다는 것을 알았다.

저자 프로필

박덕은 (예명; 박한실. 닉네임; 헤르소)

전남 화순 출생

前 전남대학교 인문과학대학 교수인 朴德根씨는 [중앙일보] 신춘문예 문학평론 당선, [전남일보](現 광주일보) 신춘문예 동화 당선, [창조문학신문] 신춘문예 시 당선을 비롯하여 전 장르(시, 소설, 동화, 동시, 시조, 수필, 희곡, 문학평론, 아동문학평론, 단편소설, 장편소설, 소년소설)에 걸쳐 등단과 수상을 기록한 문학박사이다.

해학, 위트, 유머, 재치가 넘치는 그의 삶은 열정과 신념으로 가다듬은 118권의 저서에서 다채로운 향기를 풍기고 있다. 그리고 그 향기에 취한 '시를 사랑하는 사람들'과 함께 늘 시심을 가다듬기에 여념이 없다. 시를 쓰며 문학을 사랑하며 자신의 택한 길을 올곧게 달려가고 있는 그는 현재 서울을 비롯하여 광주, 나주, 순창, 담양을 시향의 고을로 만들기 위해 오늘도 정성과 최선을 다하고 있다.

<박덕은 프로필>
* 시인
* 소설가
* 문학 평론가
* 희곡작가
* 동화작가
* 사진작가(270점 전시회 발표)

* 전남대학교 문학석사
* 전북대학교 문학박사
* 前 전남대학교 교수
* 前 전남대학교 국어국문학과장
* 한실문예창작 지도 교수
* 논술구술연구소 소장
* 문예창작연구소 소장
* 한국시연구회 이사
* 한국아동문학 동화분과위원장

* 한실문예창작 지도교수
* 향그런 문학회 지도 교수
* 부드런 문학회 지도 교수
* 둥그런 문학회 지도 교수
* 싱그런 문학회 지도 교수
* 포시런 문학회 지도 교수
* 멋스런 문학회 지도 교수
* 성스런 문학회 지도 교수
* 탐스런 문학회 지도 교수
* 바로 문학회 지도 교수

* [중앙일보] 신춘문예 문학평론 당선
* [전남일보](現: 광주일보) 신춘문예 동화 당선
* [창조문학신문] 신춘문예 시 당선
* [시문학] 시 추천 완료

* [문학공간] 소설 추천신인상
* [문학세계] 희곡 신인문학상
* [아동문예] 소년소설 신인문학상
* [문예사조] 수필 신인문학상
* [시와 시인] 시조 청학신인상
* [아동문학평론] 동시 신인문학상
* [아동문학] 동시 신인문학상
* [문학공간] 본상(장편소설) 수상
* 계몽사 아동문학상 수상(제11회)
* 한국 아동 문화상 수상
* 한국 아동 문예상 수상
* 아동문예작가상 수상(제10회)
* 광주문학상 수상(제1회)
* 전라남도 문화상 수상(제35회)

<박덕은 문학 이론서 발간 현황>
제1문학이론서 <현대시창작법>
제2문학이론서 <현대 소설의 이론>
제3문학이론서 <문학연구방법론>
제4문학이론서 <소설의 이론>
제5문학이론서 <현대문학비평의 이론과 응용>
제6문학이론서 <문체론>
제7문학이론서 <문체의 이론과 한국현대소설>
제8문학이론서 <한국현대소설의 이론과 적용>
제9문학이론서 <시의 이론과 창작>
제10문학이론서 <해금작가작품론>
제11문학이론서 <디코럼 언어영역>
제12문학이론서 <논술 고사 정복>
제13문학이론서 <심층면접 구술 고사 정복>
제14문학이론서 <둥글파 언어영역>
제15문학이론서 <논술교실>
제16문학이론서 <꿈샘 논술>

<박덕은 시집 발간 현황>

제1시집 〈바람은 시간을 털어낸다〉

제2시집 〈거시기〉

제3시집 〈무지개 학교〉

제4시집 〈케노시스〉

제5시집 〈길트기〉

제6시집 〈갇힘의 비밀〉

제7시집 〈소낙비 오는 정오에〉

제8시집 〈자유人.사랑人〉

제9시집 〈나찾기〉

제10시집 〈지푸라기〉

제11시집 〈동심이 흐르는 강〉

제12시집 〈자그만 숲의 사랑 이야기〉

제13시집 〈사랑한다는 것은〉

제14시집 〈느낌표가 머무는 공간〉

제15시집 〈그대에게 소중한 사랑이 되어.1〉

제16시집 〈그대에게 소중한 사랑이 되어.2〉

제17시집 〈둥지 높은 그리움〉

제18시집 〈곶감 말리기〉

제19시집 〈사랑의 블랙홀〉

제20시집 〈나는 그대에게 늘 설레임이고 싶다〉

제21시집 〈내 가슴이 사고 쳤나 봐〉

제22시집 〈당신〉

<박덕은 소설집 발간 현황>

제1소설집 〈죽음의 키스〉

제2소설집 〈양귀비의 고백〉(풍류여인열전.1)

제3소설집 〈황진이의 고독〉(풍류여인열전.2)

제4소설집 〈일타홍의 계절〉(풍류여인열전.3)

제5소설집 〈이매창의 사랑일기〉(풍류여인열전.4)

제6소설집 〈서울아라비아나이트〉

제7소설집 〈금지된 선택〉

<박덕은 번역서 발간 현황>

제1번역서 〈소설의 이론〉

제2번역서 〈철학의 향기〉

제3번역서 〈사랑하는 사람 가슴에 싶어주고픈 말〉

제4번역서 〈철학자의 터진 옷소매〉

제5번역서 〈세계 반란사〉

제6번역서 〈한국 반란사〉

<박덕은 아동문학서 발간 현황>

제1아동문학서 〈살아있는 그림〉

제2아동문학서 〈3001년〉

제3아동문학서 〈무지개학교〉

제4아동문학서 〈동심이 흐르는 강〉

제5아동문학서 〈곶감 말리기〉

제6아동문학서 〈서울 걸리버 여행기〉 261

제7아동문학서 〈돼지의 일기〉

제8아동문학서 〈해외 신화〉

제9아동문학서 〈마녀 헤르소의 모험〉(1권)

제10아동문학서 〈마녀 헤르소의 모험〉(2권)

<박덕은 교양서 발간 현황>

제1교양서 〈해학의 강〉

제2교양서 〈바보 성자〉

제3교양서 〈미네르바의 부엉이는 황혼녘에 날은다〉

제4교양서 〈멋진 여자, 멋진 남자〉

제5교양서 〈우화 천국〉

제6교양서 〈나만 불행한 게 아니로군요〉

제7교양서 〈나만 행복한 게 아니로군요〉

제8교양서 〈나만 어리석은 게 아니로군요〉

제9교양서 〈행복한 바보 성자〉

제10교양서 〈느낌이 있는 꽃〉

제11교양서 〈흔들림이 있는 나무〉

이상 총 저서 120권 발간